僕に方程式を教えてください

少年院の数学教室

高橋一雄 Takahashi Kazuo
瀬山士郎 Seyama Shiro
村尾博司 Murao Hiroshi

a pilot of wisdom

目次

イラスト／田中恭子
章扉・図版作成／MOTHER

まえがき

高橋一雄

私は数学教育に関わり三十年近くなりますが、後半以降、この十年間は数学教育者の瀬山士郎氏（群馬大学名誉教授）と共に、数学を通して少年院での矯正教育に関わってきました。

初めて瀬山先生と赤城《あかぎ》少年院（群馬県）を訪れたとき、先生は「足元で教育から置き忘れられた少年がいることを知らなかった」と言われ、これは教育者にとって重い言葉です。

少年院では十八、十九歳の少年を中心に、数学教育を通して「自分もやればできるのだ」という自信と「生きる力」としての学力の習得をお手伝いしています。当初、少年院での矯正教育において、教科指導の重要性は理解されていないとの印象でした。しかし、少年たちは数学を学ぶ中で、確実に成長していきます。そこで今回、数学を通して、矯正教育における教科指導の意義と望ましい在り方について三部構成でお伝えしたいと考えています。

第Ⅰ部では、私の大学院での調査研究に基づく、数学を通して変容する少年の姿。第Ⅱ部では、瀬山士郎氏による矯正教育における数学教育の意義。そして、第Ⅲ部では、長年複数の少年院院長を務められた村尾博司氏による、現場からの矯正教育の現状と今後の課題。このように外部と内部の視点から、現在の少年院および今後の少年院における矯正教育のあるべき姿が書かれています。また、閉ざされた少年院において、外部の人間として、ここまで少年たちと深く関わった者はいないと思います。よって、この本に書かれた彼らの素の姿、および変容の様子を通じて、学び成長する可能性について感じ取って頂ければ幸いです。

二〇二二年三月、この本が書店に並んだ翌月（四月）に民法改正により成人年齢が引き下げられ、十八、十九歳も「成人」となります。当然、少年法にも改正が加わりますが、十八、十九歳は「特定少年」と位置づけられ、引き続き少年法が適用され保護されることになります。ただし、この措置も施行から五年後に制度の見直しがされます。この点に関して、著者である我々三人は、大変危惧しています。

そこでお願いがあります。現在、世間では「特定少年」の位置づけをなくし、すぐにでも成人として扱うことを要求する空気があります。それを踏まえた上で、この本を読んだ後、ぜひ法学者である廣瀬健二氏の『少年法入門』（岩波新書）を読んで頂きたいのです。平易な文章で客観的視点から、丁寧に少年法の将来について語られています。

二〇二二年三月

第Ⅰ部　数学を学ぶ、非行少年の姿

高橋一雄

プロローグ　五十の瞳――突き刺す視線

少年院の授業出席者の多くが、心を閉ざしている。

北海道家庭学校（児童自立支援施設）第五代校長・谷昌恒氏の言葉をご紹介します。

「心の扉には取っ手は内側にしか付いていません。外側には取っ手がないのです(1)」

少年の「心の扉」を開くのは難しい。どうしたらこの扉が開けられるのか。

「眼《め》は心の窓」と言われるように、入院間もない少年の眼つきは鋭く、怖さを感じる。

少年院で指導を始めて五年が過ぎた頃のこと。日本海側のある少年院で十八、十九歳の少年を対象にした高等学校卒業程度認定試験（旧大学入学資格検定、以下、高認試験）対策講座を担当することになった。少年院での指導は、常に数学者・数学教育者の瀬山士郎先生とふたりで行っていたが、このときは先生のご都合から、その後一年間、私ひとりで授業をすることに。

授業の初日（二〇一六年六月）、今までにない緊張感の中、ひとり、幾重にも施錠されたドアをくぐり、鉄格子のはめられた窓のある長い廊下を渡り、職業指導の陶芸の部屋を横目に階段をあがり、二階奥の教室へ。ただ、そこは学校の教室とは違い、集会場のような広い多目的ホールのような空間。入室するとすぐに教室前後のドアは施錠され、私は法務教官に言われるまま、少年たちの前に立つ。目の前には、机が一列五人で横に五列配置され、少年たちは背筋をまっすぐに伸ばし、手はグーに結び膝の上に置き、正面を向き静かに私が現れるのを待っていました。

このときまでの五年間、少年院での授業対象者は中学生であり、それゆえ少年に反抗的態度などをされても、怖いと思ったことは一度もない。ただ、今回は対象者が違い、現在、改正少年法での扱いで議論となっている「特定少年」と呼ばれる十八、十九歳の少年。さらに、彼らの多くは入院して一〜二ヶ月を過ぎた時期なのでまだまだ眼つきは鋭く、その「五十の瞳」の視線が、私一点に向けられている。

私は(カラ)元気に「おはようございます!」と大きな声で挨拶をし、自己紹介および、今回の授業の目的と内容に関して話をしました。

すると、すぐに何か鋭い視線を感じるのです。今までこんなにもはっきりと視線を感じたことはなく。ふと、私が視線を向けると、一番前の席に座っている、上着の袖口から見える両手にはいっぱいに青色の絵が描かれ、ガタイ(体格)がよく、頭は坊主に近い、絶対に外で会ったら避けてしまうようなオーラを出している少年と目が合ったのです。そのとき、「何でコイツを一番前の席に座らせたのか?」と、教官を恨みました。でも、「怖いから」との理由で席替えをお願いするわけにもいかず……。その後もしばらくの間、彼は、(教官に注意されるまではないが)確かに私を威圧するかのような姿勢で授業を受けていました。それからしばらくして、個別指導のとき、彼から「先生、俺たちきっとすれ違っていましたよね!」と。さて、この言葉の意味は……。

第一章　少年院との出会い

　私は二〇一一年から少年院で数学を指導しています。多くのマスメディアからの取材を含め、必ず聞かれるのが「少年院で指導するきっかけは何だったのですか」との問いです。でも、これは偶然と言うか、必然と言うか、たぶん、不思議な運命との出会いというのが一番正しい回答かと思います。

　詳しく説明すると長くなるので、端折《はしょ》ってお話しさせてください。

　この本が書店に並ぶちょうど二十年前（二〇〇二年三月）、『かずおの語りかける数学（中学1年・中学2年）』（文芸社）が、自費出版の形で世に出ました。当時、全国の約百書店に何冊ずつか並びましたが、自宅にも各百冊、計二百冊が送られてきて置く場所に困っていまして、さて、この二百冊、どうしたものか……。

全国の少年矯正施設に連絡する

ちょうどその頃、大平光代氏の著書『だから、あなたも生きぬいて』（講談社）が話題となり、ニュースで彼女の勉強机が映りました。彼女は最終学歴が中学卒業ゆえ、猛勉強をして最終的に最難関の司法試験に合格し弁護士の道へ。そのとき、机の上の数学の学習参考書が目に入り、これで勉強したのなら、私の本の方が絶対に分かりやすいと思ったわけです。すると、突然、私の中で「そうだ、これだ！　非行少年は中学数学を勉強していないはずだから、全国の少年院に寄贈しよう！」との想《おも》いが込み上げてきたのです。ここでも必ず「なぜ少年院なのか」と、問われます。今となっては確かなことは言えませんが、たぶん、大平氏へのインタビューの中に「少年院」という言葉が出てきたはずで、その言葉に無意識に反応したのではないかと思います。

それからすぐに北海道から沖縄まで、数時間かけてすべての少年矯正施設に電話をしました。でも、予想外にほとんどの施設からは相手にされず、（今なら分かりますが）医療少年院からは「うちは勉強とは無縁の少年しかいないから、意味ないのでいりません」。ある少年院では電話越しに「どうせ営業だから切れ、切れ……」との言葉が聞こえてくる。また、「そこまで言うなら、サンプルとして一冊ずつ送ってみて」と言われ送るが、一週間後には、うちでは使わないからと送り返されるなど、現実は厳しいものでした。そんな中、千葉県のある施設に電話したときのこと。電話を受けてくれた方が大変好意的な対応をしてくださり、それで改めて勇気が持て、その後、全国の少年を対象とする矯正施設に連絡することができました。最終的には、少年院二十六ヶ所（計二五六冊）、少年刑務所五ヶ所（計十冊）に寄贈させて頂き、その中の一ヶ所、大阪府の浪速《なにわ》少年院からは中学一年・二年編を各三十冊の依頼があり、その後、十名以上の少年から感謝の手紙も頂き、うれしかったことを今でも覚えています。

そして、その三年後、寄贈した自費出版の本を『語りかける中学数学』（ベレ出版）として新たに出版ができ、さらに続けて数冊の出版依頼があり、数年間は多忙を極めていました。そして、仕事が落ち着いたときにふと、少年院に本を送ったことを思い出したのです。すでにあれから九年。「少年院には中学二年までの内容しか送っていなかったので、今度は三年間分が一冊になった『語りかける中学数学』を、改めて寄贈しよう！」と思ったそんなとき、事実は小説より奇なり。不思議なことが……。

赤城少年院の村尾院長から連絡がくる

突然、日本実業出版社の担当編集者から、「赤城少年院の院長から髙橋さんに連絡をとりたいと尋ねられているが、連絡先を教えてよいか」というメールが届きました。

当時（二〇一一年）の私としては、まったく状況がつかめず、ただ、お名前が村尾博司氏とあり、「あっ！　もしかして、あのときの人か？」と。すぐに当時作成した施設への連絡名簿を確認すると、やはり九年前、全国の少年院に連絡したときの、あの千葉の少年院で優しく対応してくださった担当者だったのです。

今となっては時間が経《た》ちすぎ、メールの詳細は覚えてはいないのですが、「赤城少年院で少年が『かずおの語りかける数学』で勉強をしていて、読んでいてよく分かるというので、赤城で数学を教えてもらえないか」と、いうものだったかと思います。

運よく、私の自宅が埼玉県で、利根川を越えればお隣は群馬県。だから、それからあまり時間を置かず、赤城少年院に伺いました。

少年院の訪問は初めてのこともあり、施設内部に入るときはやはり大変緊張したものです。そんな中、一番印象に残っているのが、すべてのドアが常に施錠されており、入出時、「ガチャ！　バタン。ガチャ！　バタン」と毎回開錠・施錠が繰り返され、幾度もその音を耳にするたびに、とても違和感を覚えたことです。その後、赤城を皮切りに、ほか四ヶ所の少年院へ指導に伺いましたが、今でも教室に行くまでに施錠されたドアをくぐるごと聞くあの音には慣れることなく、常に緊張感が湧き、自然と背筋が「ピ～ン」となるものです。

さて、赤城少年院は中学生および卒業した十五、十六歳までの少年が収容対象になっています。内部に入ると学習の場の領域は、校庭・体育館・教室も含め通常の中学校を想像してもらって構いません。また、教室も昭和の学校のようで懐かしい気分になりました。高台に立地していることから、教室の窓からは赤城山がよく見え景色もよく、つい見とれてしまいます。ただ、窓ははめ殺しであるので、やはり、通常の教室とははっきりと違いがあります。

内部の見学が終わり、改めて赤城で数学の指導サポートの依頼を受けたわけですが、このとき、私の中ではひとつ不安がありました。数学の指導には問題ないのですが、私は教育学部出身とはいえ、ゼロ免というコースを専攻したので教員免許がありません。また、埼玉の小さな塾で教えているというだけで、公的機関で指導するだけの肩書や資格があるとは思えず。さらに言えば、こんな資格を持たない私の指導を、教員免許を持つ数学担当法務教官が受け入れてくれるものかと悩んだわけです。

でもこのとき、ふとある人の名前が頭に浮かび、ダメもとで連絡方法を模索しました。

数学者・数学教育者、瀬山士郎先生との出会い

私は数学指導者の道を選んだときから、数学者・数学教育者である瀬山士郎先生の著書の愛読者であり、先生が群馬大学教育学部の教授であることを知っていました。そして、赤城少年院も群馬県。こうなるとこれは偶然ではなく必然と勝手に都合よく解釈し、勇気を出して先生

にお願いしてみようと考えたわけです。ただ、私の個人的経験から大学の数学教官は極めて関わりづらいことを知っていて、さらに面識もない私のような県外の小さな塾講師では、相手にしてもらえないと諦めていました。だが、ここでも再び不思議なことが……。私の背中を押すかのように、私の著書『語りかける中学数学』のベレ出版担当編集者が瀬山先生の担当者でもあったのです。これって偶然としては出来すぎで、だから、ここまでつながったのであればと、担当編集者である坂東氏に何度となく瀬山先生をご紹介して欲しいとお願いをし、約半年後、ようやく先生とお会いできることになりました。そして、その後は共通理念のもと、共に少年院で数学を通じて矯正教育のお手伝いをさせて頂いています。

授業を見学し、怒る私

私と瀬山先生は、赤城で月二回、隔週で指導することになり、最終的には約二年半伺うことになりました。ただ、当時の赤城は少年が落ち着かなかったようで、何度か当日の朝、突然中止の連絡が入ることもありました。

赤城少年院は原則、義務教育対象少年が入院しているので、施設での授業は通常の中学校での授業を意味します。よって、授業は教員免許を持った法務教官が指導し、私と瀬山先生は後ろで教官および少年をサポートすることに。ただ、瀬山先生は教官からのヘルプに対しては、教壇に立ち指導することが多々ありました。私は教員免許を取得していないので、少年たちの様子を後ろから見つつ、一人一人に声掛けし、質問があれば説明をする役割に徹することにしました。

そんなある日のこと。授業の開始早々、突然、法務教官が無言で、手にしている教科書の表紙を少年たちに見せつけたのです。その表紙には「小学校4年の算数」と書かれていました。

授業を受けている少年たちは、学年に違いはあるが、すべてが中学生です。そのとき、彼らがどのような気分になったか、皆さんも感じてみてください。

確かに、入院少年たちの基礎学力は欠如しています。が、それ以前に、法務教官の態度がいかにも学力の点で確実に少年たちを見下していることが、私にはどうしても許せなかった。

さらに、少年院では授業を含め常に少年が発言を求めるときは、必ず挙手をし、許可を得なければ発言ができません。その日の授業中、何度も挙手をする少年がいて、あまりにしつこいからと教官は「○○は寮でもうるさいから黙ってなさい」と一喝。寮での生活態度（生活指導）と授業（教科指導）では次元がまったく違う点からも、発言を一方的に否定するなどあってはならないことで、後ろで見ていてさらに怒りを覚えたわけです。

そして、授業後には必ず、検討会が行われます。出席者は、教科担当責任者と授業担当教官および都合により村尾院長、そして、瀬山先生と私の五名ほどで、その日の授業についての意見交換が行われます。最初に、授業を行った教官から、今日の指導内容などについて話をしてもらい、それに対し、私たちが意見・感想を述べる流れです。

今回、私たちが赤城の授業に参加した理由はふたつ。ひとつは少年たちに学ぶ・分かる喜びを知ってもらうこと。ふたつ目は、教官の指導力をあげることです。でも、授業を見学し、経験上、目的は実はこのふたつではなく、教官の意識改革なんだと感じました。教官は数学の知識は十分に備わっているが、唯一欠けていたのが、授業時における少年との関わり方への配慮でした。よって、教官の意識が変われば必ず少年たちの学習意欲はあがるゆえ、教官には少年たちとの関わり方について、しつこく厳しく話をしました。

私は長年、数学が苦手な中学・高校生を指導してきたので、数学を嫌々学習する子に、数学を通して自信を持たせたいという意識が強く。そこで、指導時、彼らと関わる上で一番大切にしているのは、数学ができないことで彼らを萎縮させないこと。言い換えれば、彼らのプライドを傷つけずに、「今はできなくても問題ない。これから一緒に学習していこう！」という姿勢が、指導者には一番重要なことであると考えています。

だから、最初の検討会で私が一番に口にした言葉が「少年院という特殊な場では、まずは学力で彼らのプライドを傷つけないことが第一である」でした。そして、「分からないこと、間違えることは決して恥ずかしいことではない」という点を、どうしても教官に分かって欲しく、厳しく指摘をした記憶があります。

あともうひとつは、少年たちに寄り添い、彼らの意見に対してしっかり耳を傾けること。絶対に少年の意見を無視せず、とにかく、まずは彼らの話を聞く。そして、もし、彼らの質問が授業の流れから逸脱するようであれば、理由を話し、「それは今日の授業とは関係ないので、改めて説明します。ごめんね！」などと、必ず少年の意見を受け入れる。この点を初期の検討会では強く訴えました。

このような検討会を繰り返す中、教官方と意識を共有することができたことで、教官と少年たちの関係も徐々によくなってきたとの報告を受けました。

よって、その後の検討会では、ほとんどが数学的視点での具体的な指導方法が中心となり、とても有意義な二年半の時間を過ごすことができました。

そして、授業内容は、瀬山先生の提案をもとに「一次方程式」が解けるようになることを最終目標に進められました。だが、当時、そこにたどり着くまでに必要な基本的な学習テキストがありませんでした。そこで授業ではサポートしかできなかったので、私なりに授業の流れを考えテキスト「数学の扉　１・２」の二冊を手作業で各五十部作成し、授業で使ってもらうことで指導の方向性ができ、一応、少年たちの学力向上に貢献できたのではと考えています。実は、このテキストが土台になり、『かずお式中学数学ノート』（全十四巻、朝日学生新聞社）を公の形とすることができたので、改めて赤城少年院には全巻各数十部ほど寄贈させて頂きました。

さて、赤城での指導が終わり、これで少年院での教科指導からは卒業かと少し残念な気持ちでいたときのこと。それから半年後、再び村尾さんから連絡がありました。日本海側のある少年院が、来年度から唯一、高等学校卒業程度認定試験の強化施設に決まり、そこで数学を指導してもらえないかとの内容でした。

実は、この少年院が高認試験で数学の指導が上手《うま》くいかず合格者がでないとの報告を、この二年ほど前、東京矯正管区の研究会に出席したときに聴いていたのです。当然、そのときはそこでの指導の可能性はないと分かっていたのですが、ここでも不思議と指導が現実となったわけです。ただ、この件も実は、偶然ではなく必然としか思えない理由があったのでした。

依頼者は、我々が赤城で数学教育をサポートしていたときのM首席専門官で、偶然にもその少年院の首席専門官として転任されていたのです。それゆえ、村尾さん経由で私に指導の依頼の連絡が入り、瀬山先生にもご相談しご了解頂けたので、お手伝いさせて頂くことになりました。

このように、もうすべてが偶然ではなく必然のごとく、村尾さん、瀬山先生、そして私の三人でこの十年間、入院少年の学力の向上を通して、社会復帰の働き掛けをする活動を行うようになったわけです。

第二章　少年院のさまざまな風景

少年院での教科指導をお手伝いさせて頂き十年になりますが、その間、各施設の院長および現場の法務教官のご厚意で、授業以外でも院内の行事（読書発表会・運動会・中学校卒業式・出院式他）に出席する機会を得ることができました。

そこで、この十年間を通じて、授業に参加した経験から知った少年院での約束事、また、実際の我々の授業風景をお話ししてみたいと思います。さらに、印象的だった少年院での中学校卒業式、および施設での出院式の風景もお伝えできればと考えています。

授業を通じて知った、約束事

十年前の景色ゆえ、今は分かりませんが、赤城での授業に参加し、いくつか不思議に思うことがありました。最初に「う〜ん……?」と思ったのが、教官が板書をするとき、常に身体《からだ》を黒板に対し横向きに黒板をほぼ見ずに板書をし、顔は常に少年たちに向けているのです。見ていて書きにくいだろうなと。授業後、教科指導の主任女性教官にこのことを話すと、少年院では、教官は絶対に少年たちに背中を見せてはいけないという規則があるのだそうです。言われてみればある意味、仕方ないことなんでしょう。ただ、教室には必ず後ろにも教官がひとりはいて、さらに廊下側の壁は大きな窓になっており、常に教官が廊下を往復し各教室を確認しています。それでも、ここまで厳格に決まりがあることに驚いたわけです。

　また、十四、十五歳は多感な時期でもあり、授業中、私に怒鳴ってきた少年もいたので教官も神経を遣い大変です。少年が私に怒鳴ってきた状況ですが、教官が説明に悩んだ様子でしたので、後ろから私が助言をしたときのこと。ひとりの少年が、「お前うるせぇ～んだよ！　それならてめーが教えてみろよ！」「ほらやれよ！　早くやれよ！」と、食ってかかってきたのです。少年の多くが大人、特に教師を嫌っているので仕方がないことなのですが。

　ただ、このように授業中叫ぶ少年は珍しく、常に落ち着いた雰囲気で静かに授業は進んでいきます。それゆえ、あまりに少年たちが静かなので、村尾院長に「非行少年の授業とは思えない落ち着いた授業で驚きました」と話したのです。すると、村尾さんからは「このようにお客さん（外部の人間）が来たら、静かにすることを理解させることから始まるんです」との返答。矯正教育をまったく理解できていなかった私には、驚くことばかりでした。

　また、通常の学校では普通の光景ですが、当時、少年院では少年に黒板で問題を解かせることを行っていませんでした。理由としては、少年たちの席からの移動を禁止していたからです。ただ、私たちが参加するようになり、瀬山先生が前で授業をするときは、教官がふたりで少年たちの様子を見ることができることもあり、そのときは、少年に前に出てもらい、黒板で問題を解かせることを認めてもらえるようになりました。

この少年を席から立たせ、黒板（ホワイトボード）で問題を解いてもらう件は、十八、十九歳を対象とした高認試験対策講座のときも、ひとりならよいが、ふたり以上の少年を前で解かせることには、最初、施設側が難色を示しました。が、最終的には許可が出て、三人まで一緒に解いてもらうことができるようになりました。

このように、些細《ささい》なことのようですが、常に緊張の中、少年院内では授業が行われています。さらに言えば、施設に関係なくどの少年院でも、少年たちが授業を受ける姿勢は、にぎりこぶしを膝に置き、椅子に直角に座り、背筋を伸ばし、いわゆる学校でクラスの全体写真を撮るときに前列で椅子に座っている姿勢を授業中、常に皆がしているのです。この風景を想像するだけでも、やはり通常の学校の授業とは違うことが分かって頂けるかと思います。

さらに、絶対に学校教育では見ることができない、衝撃的な光景も目にしました。

それは、中学生ではなく、十八、十九歳の少年を対象にした授業でのこと。授業終了後、部屋を出るとき、少年たちは教室の出口に一列に並び、ひとりずつボディーチェックと鞄《かばん》の中の確認をされるのです。そして、廊下に二列縦隊に並び、点呼として「いち、に、さん、……」と番号を言わせ、人数確認が済むと、先頭の少年の号令のもと寮まで一糸乱れることなく行進して戻って行くのです。

なかなか少年院での様子を知ることはできないので、もう少しだけ、気づいたことをお話ししたいと思います。

九州のある少年院でのこと。模範授業をすることになり、そこで「5本の杭《くい》を3mおきに打ち、各杭をロープでゆわくことにした。ロープは何m必要ですか？」という問いを出したのです。すると、問題を解く以前に、少年たちから「先生、〝ゆわく〟の意味が分かりません！」と。「エッ？ 〝ゆわく〟が分からないの？」と私。どうも、地域により〝むすぶ〟でないと通じないようなのです。そこで、その場にいた教官に、「先生は〝ゆわく〟の意味は分かりますか？」と質問し、さらに「先生の出身はどこですか？」と問うと、教官は困ったように無言になり……。そこで再度質問すると、首を横に振り、「その質問は、ダメダメ！」との強いオーラを発しているのです。私は「エッ、先生方の出身地を聞いてはダメなの？」と、つい聞いてしまい、すると教官が大きくうなずいたのです。さらに言えば、教官方の下の名前を少年たちに知られることも厳禁のようです。

また、このとき知ったのですが、教官も含め、原則、少年たちの身体に触れることも禁止なのです。このことを知らなかった私は、あとあと大変な経験をすることになりました。

他にも、日常生活ではあまりに当たり前のことが問題になることがあります。

高認試験対策講座でのこと。授業で使うテキストを事前に少年全員分作成し、授業時に渡しました。すると、テキストをホッチキスで閉じていたことが問題になり、回収してすべてのホッチキスを外して、改めて配ることになったのです。

このように、通常の学校では当たり前のことが当たり前ではないのが、少年矯正施設である少年院の授業風景なのです。

少年院という施設のことをちゃんと理解していれば、ホッチキスの針は、自分自身や他人をも傷つける恐れがあると分かりますからね。このように、毎回、勉強させられることばかりでして、同じ教育の場であっても、少年院では教える側も常に緊張の連続です。


では、そろそろ私が指導する授業についてもお話しさせてください。

授業を行うにおいての四つの心構え

ここでは、私が授業を行うときの風景についてお話ししたいと思います。

私は今までに予備校・塾・カルチャースクールおよび通信制高校など、さまざまなところで授業・研修授業を行ってきました。だが、少年院はある意味、特殊です。なぜなら、少年院に入院している少年たちには、学校教育から自ら離脱、もしくは自分の意思に関係なく疎外された者が多くいるからです。

そこで、まずは少年たちの指導にあたっての、私の四つの心構えからお話しします。

①少年たちを「さん」づけで呼ぶ

最初に悩んだのが少年たちの呼び方です。今まで、予備校や塾で十九歳前後の少年たちを教えていたときは、親近感を作り出すために、名字もしくは下の名前だけを呼ぶ形で関係を築いてきました。しかし、少年院の彼らは、学校の教師に対して強い不信感を抱いており、だから呼びつけにされるのも嫌だろうと。それゆえ、教室に入るまで彼らをどのように呼ぶか悩みました。ただ、ひとつ有り難かったのが、少年たちの名前が初対面でも分かる環境にあったことです。彼らの左胸には名字だけが書かれた赤・緑・白の三色で色分けされた丸いバッチがつけられています。

少年院では、少年たちを三つの級に分け、入院時は三級の赤バッチで、その後、級が進み二級下・上で緑バッチ、そして、最後に一級の白バッチとなり、白になるとだいたい三ヶ月後には出院の予定となります。だから、私としては、色で少年たちの精神状態を考えつつ接することもでき助かりました。

彼らの平均入院期間は十一ヶ月、長期の者では二年という少年もいて、十代後半の彼らにとっては、想像以上に長いものです。だから、緊張感が保てず途中で自暴自棄になる少年もいるとのこと。実際、何人かの少年からも「先生、十七で一年間少年院で過ごすと決まったときは、目の前が真っ暗になったよ。あ〜、人生が終わった」と、聞かされました。だから、教官方は長期の少年との接し方には、必要以上に神経を遣うようです。

このように、少年たちの内面のこと、学校教育から疎外されてきたことなどを考えると、名前をどう呼ぶかというような些細なことまで気を遣ってしまうものなのです。

そこで、ふと大学時代の恩師のことを思い出しました。私は二十八歳で進学しましたが、多くは十八、十九歳で入学してきます。だから、大学の教官からすれば子どもですよ。でも、私の恩師は、学生でもひとりの大人として対等に接していたのです。だから、研究室でふたりになったとき、「先生は学生でも他の教官に対しても変わらない同じ対応ですよね」と問いかけたら、「髙橋くん、学生さんもひとりの人間として対等に対応するのは普通のことなんですよ」と。その言葉を思い出し、私が教える側、少年たちは教わる側との関係ではなく、高認資格を取得することで「生きる力」を一緒に勝ち取ろうという同士の感覚を共有したいと、少年たちを皆「さん」づけで呼ぶことにしました。

②授業で「○○○（だ）（よ）ね！」とは、絶対に言わない

よく授業中、指導者が生徒に投げかける言葉に「ここまではいいよね！　先に進むよ」「この説明は大丈夫だよね！」等々があります。この文末に使われる終助詞「～よね」は、一般的に確認であり、また相手に同意を要求するような言い方です。だから、教わる側はよほど神経が図太くないと、授業の雰囲気を読み取り、「分かりません」「大丈夫ではないです」「もう少し説明してください」とは、なかなか言えるものではありません。

そこで私は授業中、説明のあとは必ず「ちょっと難しいかもしれないが、今の説明はどうですか？　分かりづらかったですか？　何でもいいから疑問があれば質問してください」と、語りかけます。

なぜ、このような少し長い言葉を投げかけるのか？　またなぜ「ちょっと難しいかもしれないが……」を言うのか？　この「ちょっと難しいかもしれないが……」は、指導する側のマジックワードなんです。このひとことがあれば授業を受ける側としては「もし説明が分かれば、本人にとっては自信にもなるし、分からなければ、難しい内容だから、分からなくてもいいんだ！」と安心するでしょ！　だから、どちらに転んでも、少年たちにはマイナスではなく、プラスになるわけなんです。

何人もの人を相手に指導するとき、全員に理解してもらうことはなかなか難しいものです。だからこそ、ひとりも置いてきぼりにはしたくないので、とことん教わる側に寄り添いたいと努めています。

③目を見て、全員に当てる

少年院での授業と学校の授業とで物理的に大きく違う点は、授業の参加人数です。二〇二一年度以降、中学校での改正はありませんでしたが、小学校では五年をかけて全学年三十五人学級にするとのこと。

このように、指導時の人数は、教える側としてはとても気になるところなのです。

少年院でこの五年間、年三回（三月・六月・九月）授業を行ってきましたが、参加者は一番多くて三十人、通常は十五人前後と、教える側も教わる側もちょうどよい環境です。それゆえ、ある項目の説明後、一問ごとに答え合わせをするときは全員を指し、ひとりずつ必ず目を見て「大丈夫？　難しくない？　質問は？」と確認をします。また、何か質問をするときでも、端から順番に、目を見て全員に当てていきます。そして、分からない少年には「後でまた聞くからね！」と言い、後ろの少年に質問をする。この流れでみんなが理解できたと感じたら、再度、先ほど分からなかった少年に対し類題を質問し、答えてもらいます。これを繰り返すことで自信を持ってもらえるとともに、「みんなのことをちゃんと見ているよ！」と、少年たちに伝わるよう常にさまざまな信号を発しています。

自分の経験ですが、教師は基本的に、できる子どもしか当てません。そうでないと授業が進まないからです。だから、小・中学生のとき、健康問題で半分以上学校を休んでいた私は、当然、授業中に当てられることはありませんでした。ある意味お客さん状態。授業中、いつも自分の存在が空気のようで、教師から自分は見えていないように感じたものです。

④とことん話を聴き、とことん考えさせ、とことん付き合う

私が行う少年院での授業は、少年の質問が授業内容から外れていても必ず聞く。また、少年の答えが出るまで待つ。言葉に詰まったときも待つ。黒板で問題を解いてもらうときも、彼が納得するまで待つ。そして、なぜ悩んだのかを聞き、彼らの想いに耳を傾ける。

これは少年院という場だからできることかもしれません。授業時、少年たちからよく言われる言葉が「先生のように、学校では自分の言うことを聞いてもらえることはなかった。学校の授業で質問しても、先生から無視され話も聞いてもらえなかった。だからうれしい」と。

この繰り返しの中で、徐々に少年たちから信頼され、距離感がなくなってくる。

さらに、私と瀬山先生は指導する上でいくつか共通の理念があり、そのひとつに「とことん

考えさせる」ということがあります。だから、質問してすぐに答えられないからと「ハイ、後ろの人」とは絶対にしない。本人に考えさせて、考えさせて、それでも「分かりません」と言われたら、つぎの人に聞く。

実はこれには伏線があり、十八、十九歳の少年を指導し始めの頃、瀬山先生は少年たちの指導時、机の間を歩きながらよく質問をします。するとほとんどの少年は間髪を入れず「分かりません！」と答える。これが当初続いたことから、いつも穏やかな瀬山先生が唯一少年たちを叱ったのです。「今の大学生もそうだが、皆は考えもせず、すぐに分かりませんと答える。考えていれば分かると思う質問しかしてないんだから、考えるんだよ」と。この風景は年三回行う講座の最初の頃の風物詩でもあります。だから、少年たちは徐々に考えるようになってくる。とは言っても、やはり彼らには、先生の質問は少し難しく感じるのも否めませんが……。

「考える」とは訓練が必要だと、私はことあるごとに話をしています。ゆえに、前に出て黒板で問題を解いてもらうときにでも、本人が考え、納得するまで待ちます。少年はここまで自分を受け入れてもらえた経験がないから、彼らは最後まで解けなくても、納得した時点で席に戻る。

ここで少年たちが考えることを覚えた、忘れられない例をひとつご紹介します。

図1　二次方程式の解の公式

$$ax^2 + bx + c = 0 \cdots\cdots (*)$$

（a≠0, a, b, cは任意の数）

（＊）より、解の公式は、以下のようになる。

$$x = \frac{-b \pm \sqrt{b^2 - 4ac}}{2a}$$

各少年院では毎年、ひとつのテーマをもとに研究授業を行います。そこで、私たちが授業を行っている東京矯正管区内の少年院では当時の院長の考えで、研究授業ではまず扱わない教科指導を選択し、私が数学の授業を行うことになりました。時期的に高認試験対策講座が後半になっていたときだったので、瀬山先生と相談をし「二次方程式の解の公式を導く」（図1）をテーマに研究授業を行うことに決めました。実は、これは大変無謀な挑戦でもありました。

なぜなら、ひと月ほど前まで、少年のほとんどが分数計算ができなく、当然、文字式の計算などは問題外の状態。だから、このテーマは週二〜三回の授業で、小学四年生前後であった彼らの学力が、文字を数字の感覚で扱えるようになっているかを確認する登竜門となる項目なわけです。だから、少年たちにはとてもプレッシャーがかかる授業でした。さらには、この研究授業のために少年を選ぶことなく、通常の授業として行われました。

そのときの院長は、国立大学教育学部数学科出身でしたので、我々が選んだテーマは内心不安で一杯だったと思います。

この研究授業には、関東一円の矯正施設関係者および家庭裁判所の裁判官も見学に来るというモノ。当日、瀬山先生から「髙橋さん、大丈夫？」と心配されましたが、不思議と私に緊張感はなく、やはり一番心配だったのが少年たちのことです。授業の最初に少年たちには「普段通りやればよいので大丈夫だよ、気楽にね！」と話し、授業開始から三十分くらいしてから見学者が三十名ほど入ってきました。

そのときの授業は約九十分でして、見学者が入室したときには残り時間は約一時間。最初の二十分に関しては、後ほど改めてお話ししますが、残り四十分の時点で、今回の授業のクライマックスとして少年に二次方程式の解の公式を導いてもらうことに。そこで三問出題し、最初の二問は公式を導くための助走として、具体的な二次方程式を平方完成《へいほうかんせい》（39ページ図2参照）で解くことをやってもらい、最後の一問は平方完成を利用し解の公式を導く問いとしました。

いつものように各問題を少年たちに指名し、最後の一問についてはやはり自信がないと拒否する少年がいた中、あるひとりの少年を指名したら「やります」との返事。私としては少し不安がありましたが、本人がやりたいと言うのでお願いした次第です。これはよほど理解していないと難しい問題であり、かつ広い教室の後ろにたくさんの見学者がいる中、彼がもしできなかったら自信を失うのではないのかと、実は私の方がすごく緊張をしてしまいました。

最初の二問は具体的な数値の二次方程式でしたので、指名された少年はいつもの授業のように問題なく解けました。それゆえ、二名はすぐに自分の席に戻り、残るは、最後の解の公式を導く問題の少年。彼を「Aさん」としましょう。図2で、自らやりたいと言ったAさんの解法の流れ、および途中で彼の手が止まってしまったところまでお見せします。

Aさんは、図2の①の部分で固まってしまいました。理由は①の下に書いておきましたが、ここからその後、彼は十七分かけて驚くべき方法で公式を導いたのです。

彼の①の続きの流れは41ページ（図3下）に示してありますが、この式変形はルート（√）記号の意味を確実に理解し、かつ、ある程度の経験がないと思いつかない方法。ひと月前まで分数計算ができなかった者が気づく式変形ではないのです。それがあの多くの見学者の視線を黒板の前でたったひとり受け止めるという極度の緊張の中、自ら考えて導き出した式変形には驚きしかありませんでした。当然、指導時、彼の考え出した式変形は絶対にしません。図3で詳しく解説しましたので、ぜひ彼の思考過程を味わってください。

ちなみに、この研究授業には全国紙の教育分野担当の編集委員が取材に来ていました。

研究授業後、記者から「髙橋さん、彼が考えている時間を計っていたんです。十七分ですよ」と、驚いていました。常識的にこの状況であれば、途中で席に戻ってもらいますからね。でも、研究授業であろうといつものように、本人が納得するまでとことん付き合うのが私の指導方針ゆえ、指摘され不思議な感覚になったのを覚えています。

図2　I. 二次方程式の解の公式を導く！

$$ax^2 + bx + c = 0$$

$$ax^2 + bx = -c$$

$$x^2 + \frac{b}{a}x = -\frac{c}{a}$$

$$\left(x + \frac{b}{2a}\right)^2 - \left(\frac{b}{2a}\right)^2 = -\frac{c}{a}$$

上のグレーの
[x の2次式] の部分を
下のグレーの
(x の1次式)^{2}の形に
変形する。
これを**平方完成**という。

$$\left(x + \frac{b}{2a}\right)^2 = \left(\frac{b}{2a}\right)^2 - \frac{c}{a}$$

$$= \frac{b^2}{4a^2} - \frac{c}{a}$$

$$x + \frac{b}{2a} = \pm\sqrt{\frac{b^2}{4a^2} - \frac{c}{a}} \quad \cdots\cdots①$$

Aさんは①の所で手が止まった。1分ほどして私が「大丈夫？　ここまでで十分できているから、あとは私が説明をするよ」と話しかけると、彼から「最後までやらせて下さい！」と。

完全に文字を数字の感覚で扱えれば、①の先で悩むことはないんです。ルート（√）の中を$4a^2$に通分し、分数計算をしてから、分母の$4a^2$をルートから出して2aとすれば終わりなんですね。

ただ、1ヶ月前まで分数計算ができなかった少年です。さらに、分母がaではなく、a^2であることにまだ数字として扱う違和感があり、通分ができなかったんですね！

このAさんのような積極的な姿勢は、他の受講者も同様であり、間違えると「先生、もう一問自分にやらせてください！」、または「確認のためもう一問解いてみる？」と声掛けすると「ハイ！　お願いします」と、皆、積極的に授業に参加することが普通の授業風景になっています。

この五年間、少年たちと一緒に学んでいて、彼らは勉強することに飢えている印象を受けます。講座が始まり二週間が過ぎると、彼らは学ぶことに貪欲になり、ひたすら考え、質問も積極的にする。それゆえ、「なぜ彼らは学校教育から離脱せざるを得なかったのか」、教育者は彼らと真剣に向き合う機会を積極的に持つべきではないかと強く思うのです。

少年たちとの三つの約束

この五年間、私が主に授業を担当し、瀬山先生がサポートという形式で高認試験対策講座を行ってきました。そこで、最初の一年間の経験をもとに、二年目から授業の最初に、少年たちとつぎの①～③の三つの約束をしてもらうことにしています。

①分からないことは、恥ずかしがらず質問する

〝聞くは一時の恥、知らぬは一生の恥〟と言われるが、知らないことは決して恥ずかしいこと

図3　Ⅱ. 二次方程式の解の公式を導く!

図2の続き、①以降の流れ

[一般的な解法]

$$x+\frac{b}{2a}=\pm\sqrt{\frac{b^2}{4a^2}-\frac{c}{a}}\quad\cdots\cdots①$$

$$=\pm\sqrt{\frac{b^2}{4a^2}-\frac{4a\times c}{4a^2}}$$

$$=\pm\sqrt{\frac{b^2-4ac}{4a^2}}$$

$$=\pm\frac{\sqrt{b^2-4ac}}{2a}$$

ルート($\sqrt{\ }$)の中を $4a^2$ に通分し、分数計算をしてから、分母の $4a^2$ をルートから出して2aとする。

$$x=-\frac{b}{2a}\pm\frac{\sqrt{b^2-4ac}}{2a}$$

$$=\frac{-b\pm\sqrt{b^2-4ac}}{2a}$$

おわり

[Aさんの解法]　少年は17分以上悩み、驚きの式変形に気づく!

$$x+\frac{b}{2a}=\pm\sqrt{\frac{b^2}{4a^2}-\frac{c}{a}}\quad\cdots\cdots①$$

$$=\pm\frac{1}{2a}\sqrt{4a^2\left(\frac{b^2}{4a^2}-\frac{c}{a}\right)}$$

$$=\pm\frac{1}{2a}\sqrt{b^2-4ac}$$

$$x=-\frac{b}{2a}\pm\frac{\sqrt{b^2-4ac}}{2a}$$

$$=\frac{-b\pm\sqrt{b^2-4ac}}{2a}$$

おわり

ルート($\sqrt{\ }$)の中の分数計算はせず、解の公式から、分母が2aより、ルートに $\frac{1}{2a}$ をかけ、ルートの中全体を $4a^2$ 倍することで、実際は、ルートに1($=\frac{2a}{2a}$)をかけたのと同じ。だから、分子2aだけを2乗してルートの中に入れることで、強引に分母2aを作ったわけ。あとはルートの中を分配し計算すると求めたい結果となる。

ではないと、少年たちに強調します。特に授業に関しては分からないままでいると、後々、本人にも周りの人にも迷惑がかかるので、この点についてはしつこいほど話をします。

私が授業をする高認試験対策講座では時間数が決まっていて、約六週間、合計二十四時間強の授業で合格させないといけません。だから、ある程度内容が進んだ時点で「実は、最初のところから分かりませんでした」と言われたら、もう戻るに戻れなくなる。だから、最初に「何でもいいので、分からなければいつでも恥ずかしがらず質問をして欲しい」と話をします。さらに、「我々はどんなことでも質問をしてもらえれば、絶対に分かるまで説明するから」とも必ず言います。さらにダメ押しとして、受講者の学力はほとんど差がないので、「質問してくれることで、他の多くの人の勉強にもなるから、ある意味、質問することは皆のためになっている。だから、恥ずかしがらずどんどん質問してください」と、授業の最初に話をし、約束をしてもらいます。すると、少年たちは徐々に質問をしてくれるようになってきます。

②間違った答案は消さずに、必ずノートに残しておく

入院少年に共通して言えることは「ノートの書き方が分からない」。というか、「何を書けばよいのかが分からない」という方が正しいのかもしれません。

私の大学院での調査結果では、院の少年たちは小学三年生から不登校が始まり、中学一年生

でピークを迎え、約八割の少年が義務教育中に学校から離脱をしています。よって、ほとんどの少年が授業を受けていないのに等しく、そうなると、当然のことながらノートに何を書けばよいのかが分からない。さらに言えば、彼らに限らず、最近の子どもたちは字がすごく小さい。だから、私がノートを書く上で少年たちにうるさく強調することは「字は大きく、図もデカく書いて、とにかくノートをケチるな！　贅沢《ぜいたく》に使って」です。

そんな中、さらに困ったのが、答え合わせで自分の答案が間違っていると、すぐに消してしまうことなのです。数学の答案は、自分の頭の中の思考過程を具体的に示しています。だから、もし間違っていたら、正解と比較することで自分の考え方のどこがいけなかったのかが分かる大切なもの。それゆえ、授業中、少年の様子に注意をしつつ、消そうとしている少年に気づくと誤答を残しておく意味を説明して、消さない習慣づけを心がけています。

③自信を持って間違える

指導していると、よく「先生、これであってる？」と生徒から質問をされます。これは多くの指導者が経験しているはずかと。皆がなぜここまで間違えることを怖がるのか。何かを習得する上で一番大切なことは、「間違えること」だと私は考えています。自分はこれで正しいと自信を持って解けば、もし間違えたとき、なぜ間違えたのかがはっきりと分かる。だから、私が指導者になったときから教え子に常に言う言葉が「自信を持って間違えてください」なのです。この姿勢がどの分野でも重要なことだと思うのは私だけでしょうか。

少年たちは間違えることが、何か悪いことをしているかのように不安がります。少なくとも、教科学習の上で間違えることは大いに結構なこと。さらに指導者としては、教わる側の誤答が一番の宝物なのです。少年の誤答を通じて、なぜそのような間違いをしたのかを知ることができ、指導者が自らの指導方法の欠けている部分にも気づけ、指導方法の改善がはかれるなど、彼らに間違ってもらえることは、私としては有り難いのひとことに尽きるのです。

この「自信を持って間違える」の言葉を常に言い続けると、徐々に少年たちに変化が表れ、彼らは自分の解答を何度も見直すようになります。そこで、意地悪ではなく、少年が黒板に解答を書き終えたとき、私は必ず「その答案でいいの、大丈夫?」と聞きます。すると、少年たちは「ハイ、大丈夫です」と答えて席に戻るが、すぐに再度自分の書いた解答を真剣な顔で見直します。この姿は、指導者にとってこれ以上の喜びはありません。

この三つの約束は、彼らに浸透するのに少し時間はかかりますが、必ず受け入れてもらえています。理由は簡単で、「我々がどこまで少年たちに寄り添えるか?」だけなのです。その寄り添い方は、先ほどお話しした「授業を行うにおいての四つの心構え」。これを常に心がけていれば、教える側の想いは少年たちに確実に伝わります。

数学の授業風景

少年院で数学を指導するとき、授業の内容に関して最初に少年たちに伝える大切な言葉があります。それは「私たちが話す内容は、算数ではなく、すべて数学である」。このひとことが少年院で数学を指導するときにとても重要なことだと、瀬山先生と一致した考えです。この点を中学生および十八、十九歳の少年に対しても最初にしっかり伝えないと、彼らの授業を受ける姿勢が百八十度違ってくるものです。

では、九九が怪しく、四則計算も微妙であり、さらに分数計算となると多くの少年ができないのに「どのように数学の視点で授業を行うのか？」。授業の入り口の様子を通して、お話ししたいと思います。

瀬山先生が口火を切る

高認試験対策講座は私が授業をするので、毎回、最初に私から少年たちに挨拶をすることになります。ただ、突然、普通のおじさんがふたり現れても少年たちにはインパクトがないので、村尾さんによれば「少年たちは権威に弱い」らしく、私の自己紹介は名前くらいで早々に終わらせ、つかみとして、つぎのように瀬山先生の紹介をすることにしています。

「後ろにいらっしゃる一見ただのおじさんのような方は、実は学校の先生を養成する先生で、分かりやすく言えば、学校の先生の先生。なんと国立の群馬大学の教授だった方なんですよ！」と、瀬山先生の紹介から講座が始まります。すると、ほとんどの少年が驚いた表情をします。そして、舞台が整ったところで、瀬山先生にご登場頂き、先生から今後の授業内容について話をしてもらうことで、よい緊張感が生まれてくるわけです。

講座の最初は、毎回この流れで始まりますが、そのたびに瀬山先生は私からの紹介に後ろで照れ笑いをされ、困った様子で少年たちの前に立ち、「今はただの年金受給者です」と照れながら自己紹介をし、講座の意味・内容を話し始めていきます。

「私は今、髙橋さんが言われたように、学校の先生を生みだす先生をしていました。だから、私がここで話すことは、大学で教師を目指す学生さんたちに話す講義内容と同じなので、算数ではなくすべて数学の話です。ただ、大学の講義より少しだけ分かりやすい言葉で話をしますが」と、最初の時点で、我々がこれから学習するのは決して算数ではなく、数学であることを少年たちにしっかりと植え付けます。

ただ、彼ら自身、自分の数学の学力が分かっているので、私の目から見てもとても不安そうであることは十分読み取れます。

入院少年の数学の学力は、全体の七割強が小学四年生以下、九割強が小学六年生以下である状況において、「彼らにどのように高校数学Iまで理解させるのか？」、ここが問題となります。
まず、指導の準備の流れとしては、講座の始まる数日前に簡単な指導計画書（図4）を私から瀬山先生にお送りします。それに対し、先生からの回答をもとに当日の朝、新幹線の中で授業内容および当日行う練習問題など、先生にチェックをして頂きます。さらに授業でのお互い

図4　ある年の6月—午前中の授業方針—計画書

5日：四則計算 / 分数計算 / 文字計算

6日：文字と式（関係式を作る）
　①一次方程式を解く

9日：②一次方程式を解く
　①不等式を解く

12日：②不等式（文章問題）を解く
　①平方根の性質

13日：②平方根の四則計算

19日：平方完成で二次方程式を解く

20日：①二次関数（最大・最小値）
　②二次関数（グラフの概形）

26日：③二次関数（頂点の座標を求める）
　①三角比（30°・45°・60°）、
　（0°～180°）における三角比

27日：②三角比（正弦定理）
　③三角比（余弦定理）

30日：集合と論理

髙橋様［計画書に対する、先生からの回答］

瀬山です。授業計画拝読。概ね了解しました。
少しだけ意見。
一次不等式は少し時間をかけ過ぎかなあ。
その分二次方程式に回したらどうでしょうか。
これは実際の認定試験問題との兼ね合いです。
詳しくは5日に相談しましょう。

瀬山士郎

の役割分担を確認し、よい緊張感を維持しながら授業に向かいます。これをこの五年間、正確には四年間、常に行ってきました。

それゆえ、私自身、今では入院少年の学力を十分に把握できているので、少年院での高認試験対策を含め、少年たちに数学の基礎学力を習得させる指導方法を確立しています。

数学の本質を一緒に考える

この数年、私たちの授業はつぎの言葉・質問から始まります。

「皆さんは数学が好きではないと思います。でも、瀬山先生がお話しされたように、ここでは数学の話しかしません。だから、今までの学校の授業とはまったく違いますからね。そこで、早速ですが質問をさせてください。

『どうして、〈1+1=2〉という計算ができるんですか?』」

毎回のことですが、正解・不正解に関係なく、誰ひとり自分の考えを言える少年はいません。

この質問から授業がスタートする流れは、講座開始三年目からです。瀬山先生とのこの十年間、平均すると毎月三回、私は少年たちと一緒に瀬山先生から直接指導を頂いている計算となりますが、そこで代数を学習する上での本質は「単位」であることに気づかされたのです。

そのきっかけは、先生が四年前、この講座で分数の説明をされたとき、私も少年たちの後ろ

図5　黒玉の全体の割合での足し算の矛盾

$$\frac{1}{2} + \frac{2}{3} = \frac{3}{5}$$

「2個の内1個が黒玉」と「3個の内2個が黒玉」を混ぜると
「5個の内3個が黒玉」である。でも、足し算に矛盾が…??

の席で、ひとりの受講生として聞いていました。すると、分数とは1/2単位、1/3単位、1/4単位の集まりであるとの説明をされたのです。詳しいことは、第Ⅱ部で瀬山先生が書かれていますので、そちらで味わってください。

私はこの分数の説明を聞いたとき、驚きと同時にそのときまで悩んでいたことが一瞬に解決しました。

悩みとは、整数・小数の四則計算と文字計算の間にある分数計算が障害となり、ひとつの流れとして説明ができていなかったことなのです。それが分数計算は単位計算だとの説明を聞き、「単位」ですべてが一連の流れとして説明ができると気づいたわけなんです。さらに言えば、分数の和の計算において矛盾が起きる割合分数（図5）も、数学者の遠山啓《ひらく》先生のタイルを利用し、各自が好きな大きさでいいから、頭の中で一辺が1の正方形をイメージしてもらうことで融合ができ、さらに分数のかけ算も含め四則計算が説明できます。このことで、基本の四則計算から方程式の入り口までを「単位」を通してひとつの流れの中で説明ができるようになり、少年たちも疑問なくスムーズに理解ができるようになりました。

その結果はすぐに表れます。指導していてとても印象的な授業風景をお話しします。

瀬山先生が授業の流れの中で数の拡張の話をしようと、少年たちに「何でもいいから思った数を言ってみて」と、ランダムに当てて言わせていたときのこと。

当てる少年が皆「1」「2」「7」と自然数（個数・順番を表す数）しか言わず、先生から「他にも数はあるでしょう」と。すると、ひとりの少年が「4/2（2分の4）」と言ったのです。周りからは「それは2だからすでに言われている」との声が聞こえてきました。そこで、私が「周りは2と同じだと言っているが、あなたはどう思いますか」と尋ねると、彼は「自分が言っているのは1/2（2分の1）単位が4個分を意味しているから、2とは違う」と答えたのです。私は驚くとともに感動し「なるほど！　素晴らしいね」と、つい言ってしまいましたが、瀬山先生を見ると、先生もとてもうれしそうな笑顔をされていました。このように無名数（単位を付けない数字）を「単位」の数として思考・回答ができる少年は、通常の学校教育を受けている限り出てきません。

分数項目は、小学四年生の学習での最大の関門です。皆さんは、分数には三つの意味があることに気づかれていましたか。つぎの①〜③を見て、イメージしてみてください。

①「数としての分数」、②「割合分数」、③「わり算としての分数」

これらは一見別々のように見えます。それゆえ、小学三年生までの具体的な量としての数の理解とはまったく違い、突然、抽象的概念を要求されることになります。さらには、指導者も十分に理解していないと、授業を行うのが大変難しい項目です。

瀬山先生の講義での説明では、①「数としての分数」を「単位」として説明をされたわけです。これは、多くの指導者にもぜひ知って欲しい指導方法だと思います。

このように本質を常に考えてもらうことで、少年たちは数学を通して徐々に抽象的概念を習得していきます。この点に関しては、最初の質問「1+1=2」を通して皆さんも少しだけ考えてみてください。

数学用語で語れるようにする

私の授業は、常に今まで自分が経験してきたことを土台に行っています。

そこで、少年院では、数学用語を使って彼らが話をできるようにすることを意識しながら授業を進めています。ただ、当初、授業中、よく瀬山先生からは「髙橋さん、そういう数学用語はどうでもいいんだよ!」と、何度も指摘をされました。でも、私はそれに関しては受け入れることなく、今でも用語にこだわって授業をしています。

その大きな理由は、少年たちに今、自分は数学の世界にいるということを実感してもらうことで、今までの自分とは違う場所にいると思って欲しいのです。

今でも珍しいのかもしれませんが、私の出身大学では、三年生から研究室に所属し、講義以外は常に研究室の中で専門的な事柄を学んでいきます。私の専攻は生命科学でしたので研究室では常に生物および化学の専門用語が飛び交い、研究室に入ったときは、まるでここが日本ではないような感覚で、とにかく言っている言葉が理解できず、いたたまれなくなったものです。でも、一年もすれば自然と専門用語で会話をし、ある意味、その方が説明しやすく、さらに言えば、自分もやっと大学生らしく研究をやり始めたという実感が湧き、居心地のよさを感じたものです。そのとき、ふと何かステージをひとつ上がれた感覚にもなり、より積極的に研究テーマと向かい合うことができました。だから、少年たちにもまずはこの感覚を味わって欲しいのです。さらに、数学に限らず社会において基本的用語（言葉）を知っていることが、相手を説得する上でも重要であることに気づいて欲しいとの意味合いもあります。

では、基本的な数学用語を意識した授業風景をお話しします。

私がある説明の中で、「この条件を満たす数はどんなものですか」と問うと、少年は「1、2、3のような数です」と答え、では「小数2.3とか、ゼロとかは？」と再度問うと「ダメ」と答える。さらに、では「10、1000などは？」と聞くと、「大丈夫」と。「このままだと、あなたが言いたい条件を満たす数を全部言わないと相手には伝わらないよ」と私。そこで、改めて彼を含む少年たちみんなに「彼が考える数を簡単に表すには何て言えばいいのかな？」と質問をする。するとひとりの少年が恐る恐る自信なさげに「自然数……、いや整数ですか」とつぶやく。そこで「では、自然数と整数の違いは」と問いかけを続ける。ここで大切なことは、少年の回答に対し、正しい、間違っているとの判断をせず、そのまま受け入れて質問を続けることなのです。すると、徐々に「間違ってもいいや」と、授業に参加してくる少年がポツポツと出てくる。さらにその問答の中から用語の意味を考えるようになり、少年自ら理解する。こうなるとあとは自然と少年たちの中で積極的に発言する流れが生まれ、お互いの言葉に耳を傾け議論が始まる。そして、ある程度落ち着いたところで最初に戻り、用語の理解を確認し、数学用語を使ってその時間で行う項目の解説を進めていく。

さらに言えば、彼らが出院後、自ら学ぼうとしたとき、数学の参考書は数学用語でしか書かれていないので、どうしても言葉も理解できるようになっていて欲しいのです。

このようにひとつの事柄から授業が数学用語にも展開し、受講者みんなが参加できて内容に広がりを持ちながら復習もできる。

授業は指導方法により、少年の発言をもとにいくらでも広がりを持ちます。さらに、受講者は徐々に数学用語を使い数学の世界に浸りながら、みんなが授業に参加している感覚も味わえるようにもなる。そのせいか指導に行く施設では、教官から「少年たちがよく数学の授業は楽しいと日記に書いていたり、話も聞いていています」と、たびたび声掛けをしてもらえます。

黒板で問題を解かせる

数学の個別指導時、少年とふたりだけになります。そこで少年との距離を縮めようと、最初にかわす言葉として「少年院の生活で辛《つら》いことは何かな?」と話しかけます。少年によっていろいろ返答があり、その中で何人かの少年から「皆の前で同じ寮の人から、いろいろと自分に対し指摘される集会があり、それが一番キツイ!」と聞かされることがあります。

少年院では、集団的生活指導において『目標設定集会』というものがあるそうです。それは、「各少年が掲げた個別目標の達成の可否に関して、少年同士で検討を行う場」(『現代日本の少年院教育』)であると言う(1)。

たぶん、多くの少年はこのことを言っているのだと思います。

この集会で周りの少年から指摘されることに、分かってはいるけれども、なかなか素直には耳を傾けられないようなのです。でも、それは入院少年だけではなく、私たちも自分の行動に対し、否定的な意見を複数の人から言われれば、それがどんなに正しいことであっても素直には受け入れ難いものではないでしょうか。

その話を聞いたとき、ふと教科指導における数学の授業は、人の意見に素直に耳を傾ける機会として、最も適している場だと思ったのです。

その理由は、「数学の解法はいく通りかあるが、解答はひとつしかないから」です。

詳しく話すと、数学の問題は、条件から正しく式を立て、途中式を間違いなく計算すれば必ず解答にたどり着くものです。でも、最初に立てた式が間違っていたり、途中式の計算が違っていれば、正答には到《いた》りません。だから、解答が間違っているときは、どこがいけなかったのかを指摘されてもそれは当然のことであり、本人も素直に「納得」し受け入れることができるわけなのです。

私の授業では、簡単な計算問題であっても、必ず三人に前に出てもらい黒板で解いてもらうことにしています。理由は、数学の解答は、自分の思考過程を具体的に示すことであり、書くことで自分の思考を客観的に確認できる。また、黒板で解くことで、自分の思考過程を解答を通じて、他の少年たちにチェックしてもらうことにもなります。

そこで、毎回、黒板で解いてもらった各少年の解答を私が説明する前に、少年たちに「この解答を見て、自分と違う人はいますか」と問いかけます。すると、たいてい何名かは「自分のと違います」と発言します。それから私が黒板の少年の解答の流れを一行ずつ説明しながら確認をしていき、おかしな部分があれば手を止め、解いた少年に「どうしてこのような計算になったの?」と、彼の考えを聞きます。そして、「今の彼の考え方と違う人がいれば、誰か教えてください」と、みんなに声掛けをします。当然、仲間から指摘されることは正しく、本人はその指摘に対して納得し素直に「○○さんが言ったように、そのところを自分が勘違いしていました。つぎは気をつけます」と、嫌な顔をすることなく他人の指摘を受け入れることができます。当然、指摘する側も鬼の首を取ったように自慢げにではなく、数学の考え方をもとに筋道を立てて間違った理由を説明するので、場の空気はまったく問題なく、授業を続けていくことができます。

さらに言えば、先ほどお話しした「自分の答案を客観視する」、この点も重要と考えています。自分を客観視することは、実は日常生活においてとても重要なことなのです。何かに悩んだとき、ふと自分を俯瞰《ふかん》できるもうひとりの自分がいれば、自分自身を冷静に判断することができる。今後、このようなとき自分はついこんな行動をしやすいと認識できていれば、特に入院している少年であれば、同じ過ちを繰り返すことをしなくなるかと思うのです。自分の行動を俯瞰・客観視することで、「何で俺はこんなことで怒ってしまったんだろう」とか、「こんな状況になると自分は問題を起こすから、できるだけそのような環境には近づくのはよそう」など、自分の行動の抑制にもつながると考えます。

このように、数学の問題を解く流れを視覚的にさらけ出すことで、自分の思考過程を第三者にチェックされる環境を作り、間違えれば必ず指摘をされ、それはどうやっても否定できずに受け入れるしかない状況を経験させる。また、自分自身でも自らの思考過程を客観視できることで、自分を冷静に俯瞰でき自分の問題点を自ら確認できるなど、これが矯正教育の上で数学を学習する利点でもあり、教科指導が矯正教育における生活指導の重要な部分を下支えできる根拠になると考えています。だから、私の授業では、常に少年たちには黒板で解くことを要求し続けています。

余談になりますが、この施設内では年齢に関係なく（原則、少年たちは互いの年齢も知りません）、少年たちはお互いを「○○さん」と「さん」づけで呼び合います。それを授業のとき耳にし、素直に私は心地よさを感じています。

ある裁判官の言葉――自分の言葉で説明させる

私たちは、「自分の言葉で説明する」ことを基本に授業を行っています。少し前に研究授業を「二次方程式の解の公式を導く」を主題に行った話をしました。そのとき、見学者が入室して最初の二十分に関しては、後ほど話をしますと書きました。そこで、その二十分に、どのような内容の授業をしたのかをここでお話ししたいと思います。

二次方程式の解の公式を導くには、平方根（ルート、√）の理解が欠かせません。だから、この二十分間で少年たちの平方根の理解度を確認していました。

　平方根の数はなかなかイメージできないものです。大小関係は、ルートの中の数の大小関係と一致（$\sqrt{3}<\sqrt{7}$）するので問題はありません。ただ、その平方根の数がどのふたつの整数の間の数かは、平方根の形からではすぐには判断できません。そこで、その判断方法を少年に確認をしていたのです。分かったつもりでも本当の理解とは「自分の言葉で説明できること」と、私は考えています。だから、このときつぎのような流れで少年に質問をしました。

「私が言うルートの数の整数部分の値を言ってね」と、以下のようにルートの数を私が言い、ひとりの少年に整数部分を答えてもらいました。

「$\sqrt{2}$は、『1』。$\sqrt{3}$は、『1』。$\sqrt{5}$は、『2』。$\sqrt{7}$は、『2』。$\sqrt{8}$は、『2』。$\sqrt{10}$は、『3』」。そこで、

「そうだね。では、その整数部分の求め方を、皆に分かるように説明して」とお願いしました。すると、しばらく沈黙が流れ、彼なりに説明をしたのですが、「それでは分からないからもう少し考えて！」と私。瀬山先生は「髙橋さん、彼は分かってるよ」とフォローされたのですが、私は「先生と私は彼が言いたいことは分かるが、他の少年たちには分からないからダメですよ」「どのように整数部分の値を求めたのか、あなたの頭の中の思考過程を話してください」と、再度要求をしました。

　少年はしっかりとは答えられませんでしたが、考えて、考えて自分の言葉で伝えようとする

その姿勢が重要なので、研究授業であっても、私は通常通りの授業を行いました。だから、その後の残り四十分に関しても同様、「二次方程式の解の公式を導く」ときでも、黒板の前でひとり長時間少年が納得するまで考えることにも付き合ったわけです。

そして、研究授業後、検討会が行われ、最初に家庭裁判所裁判官が述べた感想が、私たちの指導の本質をあまりにも的確に指摘されていたので、今でも忘れることができずにいます。

その裁判官の言葉は、つぎのようなものでした。

「最近の少年は抽象的な表現ができない。でも、今回の授業を拝見し、数学の授業が彼らの抽象的表現能力を伸ばすには、大変意義があると感じました」

たった一時間程度の授業を見学し、ここまで私たちの指導の本質を的確に指摘されたことに私は耳を疑いました。さらに、この検討会にも引き続き記者も出席されていて、終了後、かけられた言葉が「たいていこのような検討会では、厳しい意見が出るものですが、今回は肯定的な意見が多く、大変珍しいですよ」というものでした。

十年前、私たちが少年院に関わり始め、ほんの数年前までは、矯正教育における教科指導の意義を現場では認識されにくい状況であったとの印象があります。だから、心が折れそうになったことが幾度となくありました。そこで、ひとつだけ悲しかった経験をお話しさせてください。

六年前、毎月一回、早朝四時に自宅を出て、飛行機が苦手な私は八時間かけて地方の少年院に行き、一泊二日で一年間、教官の授業指導を行っていました。毎回、体力的に辛かったのですが、少年および教官の役に立っている手ごたえを感じ、充実感を覚えて終えることができました。だが、それから一年を過ぎた頃、ある少年院から指導の依頼があり行ったときのこと。ひとりの若い法務教官から声をかけられました。彼は一年前まで私が八時間かけて指導に行っていた少年院から転勤してきたばかりとのことで、そのとき、彼が私に話した内容は、つぎのようなものでした。

「先生、お久しぶりです。以前、○○少年院でいつもお見かけしていました。先生も毎回大変ですね。ありがとうございます。でも、実は以前の職場では、先生がいらっしゃると、教官室で首席が『数学で矯正ができるなら、こんな楽なことはないよな!』と、いつも笑っていたんですよ」。

彼のこの発言には悪気はまったくなく、逆に私に同情してくれていることがすぐに分かりました。

私は「そうだったんですか。はっはっはっは〜」と、こちらも笑うしかなく、そのときのことは今でも忘れられません。

あくまで個人的見解ですが、数年前までの少年院は、少年たちの出院後の生活として、就労を前提とした社会的自立を目標としていたとの印象は否めません。それを裏付けるかのように、ある幹部が「未《いま》だに矯正教育は、施設で手に職をつけさせ出院させるというアリバイ作りが続いているんですよ」と、力なく話をされていました。

でも、この数年の間に矯正教育の環境は確実に大きく変化をしています。法務省では入院少年の社会復帰において、学歴によって職業選択の幅が狭まり、さらに出院後、進学を希望することが難しいことも踏まえ、文部科学省と連携し、二〇〇七年度から施設内を高認試験受験会場とし、それに伴い高認試験対策講座を試験的に最初は一ヶ所から始め、徐々に対策講座を行う少年院を増やしています。さらには、二〇二一年度から通信制高校を利用し高校教育を受けるための検討も行っています。

このように、この十年間で矯正教育における教科指導の重要性が確実に認知されてきていると実感ができ、最近では瀬山先生と「そろそろ私たちも本当に卒業の時期が来たようですね」と話す機会が増えてきています。

私たちのこの十年間の活動が、どこまで今の状況に対し影響を与えたかは分かりませんが、入院少年を取り巻く環境は、私たちが当初希望していたものに近づいてきているのは確かであり、心からうれしく思っています。

ではこの章の最後に、少年院で行われる行事の内、「中学校卒業式」と「出院式」の風景についてお伝えしたいと思います。

少年院の中学校卒業式

赤城で二年目に入る三月、村尾さんのご厚意により院内での中学校卒業式に出席させてもらいました。会場は施設内の体育館、床前半分に卒業生、後ろ半分にご家族が座り、来賓席は前方の式場に向かって右の壁際にありました。少年院であっても通常の中学校の卒業式と全体の様子は変わりません。ただ、ひとつだけ違ったのが、各卒業生に対し卒業証書を渡す人間が皆違うことです。その理由は、少年院に入院している少年の籍は、本人の地元の中学校にあるからです。だから、卒業証書は自分が通っていた中学校の校長もしくは教頭が直接渡すので、原則、式には卒業生の人数と同じ人数の校長または教頭が来院することになります。それゆえ、証書を渡すときの風景もさまざまです。

淡々と事務的に証書を渡し去る者、ひとこと少年に声掛けをして渡す者、そして、私が一番心を打たれたのが、女性の校長先生が突然泣きながら卒業生の名前を読み上げ証書を渡すシーンでした。目の前に立ち直った教え子の姿、そして、自分自身、教育者として感じることがあったのだと思います。

そのとき、ふと高校時代の同期の友人のことを思い出しました。

その友人は中学で英語教員をしていて、私が少年院で教えていると話すと、彼から「実は、前に一度、教頭と卒業証書を持って少年院に行ったことがある」と言われました。彼は熱血教員で、あるときは教室で取っ組み合いをしながら生徒と正面から向き合う、私からすると彼は教員になるために生まれてきたような男です。その彼が一緒に飲んだとき、自分の無力さを悔いて「小学校の知人の教員からひとりの少年のことを頼まれていたのに、自分はその生徒を少年院に送ってしまうこととなり……」と、力なく話していたことをふと思い出したのです。そして、赤城での卒業式に出席し、泣きながら卒業証書を渡す女性校長の姿を目にし、彼の悔しさが分かった気がしました。

さらにこれに関連して、高認試験対策講座の受講者から個別指導時、「先生、俺ね、中学校の教師になりたいんだ。もし、あのとき、学校の先生が逃げずに俺たちに正面からぶつかって来てくれていたら、絶対に俺は変われたと思う。でも、学校の先生は皆、怖がって誰も自分と向かい合ってくれなかったんだよ。だから、俺はとことん生徒と向き合う教師になりたいんだ」と言われた言葉が、今でも忘れられません。

そして、式の最後に卒業生代表からのお礼の言葉があり、その少年の言葉があまりに素晴らしく、村尾院長に「彼は本当に立ち直ったんですね！」と話をすると、「彼はまだまだ教育が必要なんですよ」とのひとこと。私は少年の表面だけを見て、安易に感想を述べたことを恥ずかしく思うとともに、矯正教育の奥深さを感じた次第です。

余談になりますが、複数の少年院でも感じたことですが、どの少年院でも院長は入院少年一人一人の現状を詳細に把握しているのです。

院長は施設全体を管理運営する立場ゆえ、個別に直接、少年と向き合う機会は、入院時および院内で問題を起こしたとき以外には限られていると勝手に思っていました。しかし、我々が授業で伺ったとき、よく昼休みに我々の控室に院長が顔を出してくれていろいろ話をするのですが、私が授業中に気になる少年がいるときなど、ふとその少年の名前を口にすると、すぐに「あ〜、彼はね……」と、現在の様子から問題点まで即答できるのです（ただし、個人情報に関することは一切触れることはない）。

これを当然と言われれば返す言葉はないのですが、現場からトップまで入院少年一人一人の状況をしっかりと把握していることに私は常に驚いています。この点ひとつとっても矯正教育での少年に対するきめ細かい対応が分かります。だからこそ社会全体に、矯正施設としての少年院の存在意義を知って欲しいと強く願うのです。

出院式の風景

高認試験対策講座でひとり施設へ通っていたある日のこと。施設にいつものように朝八時五十分前後に着くと、教科の担当教官から、「今日は出院式があるので授業が少し遅れます」と言われました。そこで、私は興味本位に（ごめんなさい）、「できれば出院式の様子を見学できませんか？」と、担当の法務教官に尋ねると許可が出て、会場の隅っこで少年を送ることになりました。

出院当日はさまざまな行事（手続き）があるのでしょうが、一番大きな行事は在院少年およびほとんどの教官が出席する出院式かと思います。私が参加させて頂いた施設では、出院式は体育館で行われていました。

私が体育館に行ったときにはすでに多くの法務教官が壁沿いに立っていて、そこに施設内で三つに分けられている寮ごとに在院者が二列縦隊で入場し、中央の式台の前側に三つの寮の少年が寮ごとに間隔をとって立ち、出院少年を待つという状況でした。そして、主役となる少年が入場し、中央に立つ院長の前に進み、まずは院歌斉唱が始まります。驚いたことに、各少年院には院歌があるのです。つぎに、院長から少年へ言葉をかけ、それに対し少年から決意表明が行われます。それが終わると、二列縦隊の各寮の集団の前に少年が順に進み、寮ごとにつぎのような短い言葉のやり取りが行われます。

出院少年「お世話になりました。ありがとうございました」
在院者「頑張ってください！」

これが終わると、少年は小走りに体育館の両側の壁沿いに立っている教官方一人一人に挨拶に行き、普段は厳しい教官から笑顔で言葉をかけられ、見ていてとてもすがすがしさを感じるものがありました。ただ、特に出院少年の担当教官はうれしさと不安が入り混じった様子で、少年との関わりの深さを実感できるものでした。たぶん、多くの教官も不安で一杯だったのだと思います。

そんな中、私は式の最後の段階で、体育館入り口横の壁際にご両親方が立っていることに気づき、母親が目にハンカチを当て我が子の変わった姿を見ているシーンを目にしました。それを見て考えたことは、とにかく自分ができることは「学力は生きる力である」との信念のもと、少年たちに学ぶ楽しさを感じてもらうことである。そしてまた、社会に出たときに生きるための武器となる学力を習得させなければと、改めて強く思ったわけです。

第三章　私が出会った少年たち

この十年間、複数の少年院で数学の授業を通じて、多くの少年たちと出会ってきました。ここでお話しする少年は、施設内でのマスコミや大学などの研究者による取材・面談で見せる少年とは違う、限りなく素に近い状態の彼らです。その理由は、授業を通じて少年たちと徐々に信頼関係を築いた中で、授業および個別指導時、少年の方からいろいろと話しかけてくれたからです。施設内では私語厳禁ゆえ、当然、日常生活において少年同士でも自由に会話はできません。見つかればペナルティーとして、単独室で数日間反省をさせられることもあります。だから、彼らは話すことに飢えていて、特に個別指導時での飾らない本音から、徐々に彼らの内面の変化を追体験して頂ければ幸いです。

そこで、今までに数百人の少年を指導してきて、特に印象に残った彼らの話をしたいと思います。

「うっせ～んだよ！　ほっとけよ！」

これは赤城に行くようになった最初の頃、ひとりの少年から言われた言葉です。

教員免許を持たない私は資格の問題から直接指導ができないので、授業中、少年一人一人に「難しい？　分からないことがあれば言ってね」と声掛けをして回っていました。最初の頃の少年たちの反応は皆、黙ってうなずくか「大丈夫です」と言うだけ。それでも声掛けを続け、二ヶ月が過ぎた四回目の授業のとき、窓際の前から三番目に座っていた少年にいつものように声掛けをしたときのこと。今まで無言でうなずいていた少年が、突然「うっせ～んだよ！　ほっとけよ！」、そして、「俺は先輩のところで鳶《とび》やるから、勉強はいらね～んだよ！」と。そこで私は「そうなんだ、分かった。ゴメンごめん。自分は高いところ苦手だから凄《すご》いね。でも、現場で足を滑らせて落ちて働けなくなったらどうする？」と問いかけると、無視されました。当然です。その後も常に全員に声掛けをし、彼は聞こえないかのように今度は無視を続けていました。そして、四ヶ月が過ぎた頃、また無視かと思いきや、突然「先生、俺も高校に行けるかな？」と。一瞬驚きましたが「大丈夫だよ！　そうなんだ、高校に行きたいんだね？」と私。すると「俺、実は夢があるんだ。だから高校には行きたいんだよな」と。

今まで長い間、勉強から離脱していた少年たちも、矯正施設である少年院にいる限りは嫌でもここでは逃げることはできず、仕方なく「授業を受ける振り」だけでもしないといけません。だが、どんなに勉強が嫌いでも、分かる授業であれば徐々に楽しくなるものです。この変化は彼だけではないことは、行くごとに少年たちの様子から分かりました。

少年の心の扉には取っ手は内側にしかついていませんが、周りの大人が諦めず彼らに寄り添い続ければ、扉は開くものだと実感した一瞬でした。

授業中に殴ったと訴えられる、私

少年院では原則、施設内では少年の身体に触れることは禁じられているのですが、私はそのことを知らず、三年が過ぎた頃のこと。

私は小・中学時代、授業中は空気のような存在だったので、心の中で教師から声掛けをしてもらいたい、肩でもポンとたたかれ「大丈夫か？」なんて言われてみたいと漠然と思っていたものです。だから、私は少年院では常に少年に声掛けをし、肩に手をのせながら「どう？　分かる？」と話しかけていました。そして、ある地方の少年院から中学生の授業サポートの依頼があり、月一回（二日間）、毎回、初日の午後は教科指導担当の法務教官のもと、模範授業を行うことになっていて、そのときに問題が起こりました。

授業中、ひとりの少年に「前に出て黒板でこの計算をやってみて！」と指名したのです。しかし、その少年は自信がないから嫌だと。そこで私は「間違ってても構わないんだから、やってごらんよ。間違っていいんだから！」と笑顔で声掛けをしながら、少年の肩を軽くポンとたたいて前に出て解くようにうながしました。すると、少年は嫌々ながらも黒板の前に行き、途中式を省くことなく正しく計算ができました。私は「ウンウン、よくできている」と褒め、この調子で頑張ってねと、また、軽く肩を二回ほどポンポンとたたいたわけなんです。

一般的には、この授業風景に違和感を覚える方はいらっしゃらないかと。でも、あくる日、施設に行ったときのこと。法務教官から「先生、昨日の授業に出席していた少年が、寮に戻ってから『髙橋先生に授業中、殴られた』と訴えてきたんです」と言われ、私は意味がまったく分からず。教官が言うには、訴えてきた少年は嫌々ながら黒板で計算をさせられたあの少年。でも、運がよかったことに彼の担当教官が授業にも参加していたので、教官から少年に「殴っているのではなく、励ましの意味で肩をたたいただけだよ」と、話をしてくれたそうです。教官から聞いた話では、その少年は家で常に親から折檻《せっかん》を受けていたらしく、だから、触れられることにとても敏感になっていることを知らされ、このとき初めて入院少年の心の傷の深さを知る貴重な経験をしました。だから、これ以降、少年の身体には触れることなく、とにかく、できるだけ少年の言葉に耳を傾け、寄り添うことだけを心がけて意識するようにしています。

「楽して金を稼げる方法を知っているから」

ここでお話しする内容は、プロローグで触れたあの彼のことです。

彼は二年の長期入院で、断続的にですが期間として一年半ほどの付き合いをしたと記憶しています。最初の出会いがあまりに衝撃的すぎて、どうなることかと思っていましたが、一年を過ぎる頃には表情が落ち着いてきていました。また、高認試験に対しても真剣に向き合うようになっていたので、彼にも個別指導を教官にお願いすることにしました。

個別指導は講座ごと、参加者ひとり一回が原則で、瀬山先生と相談の上、さらにサポートが必要と考える少年には時間が許せば二回まで行います。時間帯は我々の帰りの新幹線の時刻から逆算して、午後一時から二時半まで。

個別指導を行う場所は、単独室が十部屋以上並んでいる区画の中の面接用の二部屋。瀬山先生と隣同士で一回に各ひとりの少年を教えます。部屋は細長い五畳ほどでスチール机にパイプ椅子が二脚、ホワイトボードがひとつあるだけの殺風景な空間。ただ、部屋奥の窓には鉄格子がはまり、横の壁には赤い緊急時ボタンがあり、どの場所にいてもすぐ手の届く絶妙の位置に設置してあるのがとても印象的です。

個別指導時の風景は、最初、教官が立ち会い、少年と私が机を挟んで向かい合い少年から「お願いします」と挨拶をされると、教官が部屋を出て外からドアが施錠される。そこからはふたりだけの空間になります。ただし、ドアにはガラス窓がついていて外から中が丸見えの状況。でも、やはり施錠された部屋にいるのは、とても居心地が悪いものです。

さて、彼との最初の個別指導では、私が彼と話がしたかったとの強い想いから、指導時間の三分の一が雑談になったと記憶しています。話の内容の細かいことまでは忘れてしまいましたが、覚えている部分をお話しします。

最初は他愛のない会話から始まり、彼から「先生は埼玉の○○から来ているんですよね。それだと自分は○○駅の周辺で、お金はたくさんあったからいつも何人も女の子をはべらして遊んでいたんですよ。だから、絶対に会っているはずだな」と。私は「あなたの遊び場所には行かないからどうかな？　でも、駅構内ではすれ違っていてもおかしくないね」。さらに、「先生、おはよう逮捕知ってる？」と聞かれ、「知らないよ」と私。すると「警察ってさ、俺たちがまだ寝ている早朝に突然来るんだよ。捕まったとき、アパートに住んでいて寝ぼけてドアを開けると警察でヤバイと思い、今から着替えるから少し時間をくださいと言って、部屋に戻って裏の窓から逃げようとしたら、そこにもいるんだよ、警察が。その日は午後から彼女と遊ぶ約束していたから参ったよ」。こんな感じで空気がだいぶ和んだところで、私が「何で高認試験を受けたいの？」と。彼は突然真面目な顔になり「父親が会社をしていて、社員も自分が跡を継ぐと思っているが、父親とは本当に仲が悪くて……。でも、いつかは親孝行ではないが継がないとなと思い、大学で経営の勉強をしたいと思っている」。「なるほどね、でも、今までの生活を考えると受験勉強は大変だよ。できる?」と聞くと、「先生、自分がやってきたことが自分でも信じられないほど、どんなに悪いことをしてきたかは分かっている。だから、勉強してしっかりとやって行きたいというか、やらないといけないと反省している」と話してきた。彼の表情には嘘《うそ》はなく、十分に反省しつつあると感じました。そして、最後に彼がぽつりと言った言葉が、「先生、でもね、社会に出て本当に本当に辛くなったら、俺、楽してお金を稼ぐ方法を知っているから、もしかすると戻ってしまう自分がいるのも確かなんだよ」。

実は、この彼の心の弱さからこぼれ出る言葉は、同様に他の少年も口にします。額に汗して手にしたときのお金の大切さは、筆舌に尽くし難い。でも、現状の格差社会において、学歴もなく、どんなに一生懸命働いてもワーキングプアーと言われるように、ひと月の給料が生活保護の受給金額より低いのが当たり前になっている今日の社会で、彼らの「楽して稼げる方法を知っている」部分にふたをして生きていくことへの不安は、ある意味正直な気持ちであるはずです。だが、少年院で真剣に自分と向き合う時間を過ごしているからこそ、この心の葛藤が生まれるのも確かなことだとも思います。よって、今後の課題として、社会が彼らを受け入れる許容量が試されているとも言えるはずです。だからこそ、そのためにも少年院での矯正教育の現状と意義を、しっかりと社会に向けて発信し続けることが必要であると強く思うわけです。

その後、彼は高認試験の数学に合格したことで、もう会うことはないと諦めていました。でも、半年後、教官に彼の様子を尋ねると、偶然にも彼が出院する十日前であるとのこと。私は出院の最後の期間は単独室で過ごすことを知っていたので、個別指導時、その区画担当で親しくなった教官に「一〜二分でいいので、彼に会わせて欲しい」と頼み、会うことができました。そのとき私の前に現れた彼は、最初に会ったときとはまったくの別人で、一瞬自分の目を疑いました。体型は二回りほどスリムになり、顔の表情があまりにも優しく、特に眼つきがここまで穏やかになるのかと思うほど変わっていたのです。

たぶん、ひとりの少年の矯正施設を通してのこのような変化を目にできるのは、法務教官ぐらいのはずです。瀬山先生と私はそれを経験できているからこそ、今でも依頼があればお手伝いさせて頂いているのだと思います。

「俺、小学校の六年間、学校では一日中テレビを見ていたんです」

ここでお話しすることを少年から聞いたとき、自分の耳を疑いました。

この少年の養育環境は、彼の言葉を引用すれば「家には父親と兄弟だけで、父親は少年院上がりで勉強なんて必要ないと家では一度も教科書を開いたことがなく、いつも家には兄の友人が遊びに来ていて、これでいいんだと思っていたんです。また、小学校の六年間は、学校に行くと先生からも朝から帰りまで教室でテレビを見ているように言われた」。だからか彼の学力は低く、でも驚くほど理解度は高かったのです。そこで、「今まで勉強をしたことはあるの？」と聞くと、「中学二年生のときに児童養護施設に入り、そこで生まれて初めて教科書を開いて、読んでいて自分でも驚いたんだけど案外分かっちゃって」。さらに「このときの先生が優しい人で、だから自分も将来は、養護施設で自分のような子どもの先生になりたいと思い、高認試験にどうしても合格したいんだ」と。

彼が入院した理由は暴走族で暴れまわっていたからで、出院したあとは被害者の慰謝料などを稼がないといけないからすぐには受験できないが、どうしても養護施設の先生になりたいとの意志の強さが伝わってきました。ただ、彼が言う養護施設での先生になるには、通常、大学の社会福祉学部に入ることが必要です。だから、「高認試験を受かってもさらに大学入試もあるから、国語・英語なども勉強しないといけないが……」と話すと、彼から忘れられない言葉が返ってきました。「先生、俺たち能力はあるが学力がないだけなんだよ！　だから、先生、俺たちに勉強教えてくれよ！」と、必死に訴えてきたのです。この言葉を聞き、改めて矯正教育における教科指導の意義を強く感じ、その後も身体的にしんどくても依頼があれば遠くまで行く動機づけにもなっています。

「少年院送りにした裁判官を後悔させてやる」

私が指導していた少年院では三月に数学基礎講座があり、この講座は単に数学を勉強してみたいと希望する少年の体験授業の意味とともに、八月の高認試験のために開かれる六月の第一回高認試験対策講座の補習授業との位置づけでもあります。基礎講座参加者のほとんどが小学四年生レベルの学力ゆえ、六月の高認試験対策講座までの間、しっかりと復習をしていてくれと願うしかなく。そして、六月の講座を迎え、基礎講座のときは全体の中に埋もれた存在であった少年が、突然、ひとり目立つ存在になって現れたのです。彼は講座の前半の授業内容では物足りなさがあったので、私から彼を個別指導に指名し、ふたりで話す機会を得ました。そのとき、聞いた話があまりにも印象的なものでしたので、彼のことを話したいと思います。

ふたりになり、まずは「しっかりと復習をしたんだね！」と努力を認めてから、どうして高認試験を受けようと思ったのかを聞いたと記憶しています。それに対して、彼はつぎのように話をしてくれました。

「自分は入院して一～二ヶ月間はとことん教官に反抗していたんです。自分を少年院送りにした裁判官を後悔させてやろうと、入院時はすごく荒れていました。そんな中でも先生（担当法務教官）は常に寄り添ってくれて、『何かやりたいことはないのか？』と聞かれ、『自分は中卒だから無理だと諦めている』と話すと、ここには高校卒業資格となる高認試験対策講座があるからそれを受けることを薦められ、騙《だま》されたと思って前回の講座を受けたんです。これをきっかけに五月の連休（休日は通常の日課はありません）のとき、一度とことん勉強してみようと思い数学や英語を勉強したら、英語は英検二級レベルの問題が解けるようになり、それから勉強を続けたんです。将来は、美容の仕事がしたいので、それを勉強できる学校に行きたいと考えています」。

通常は講座終了後、少年が数学の試験に合格するか、またはその後すぐに出院してしまうと、私たちは彼らと会う機会は永遠にないに等しく、それゆえ出院後、彼らから連絡がない限り、その後の様子は一切分かりません。そんな中、本書の出版が決まった数日後、突然、この彼から一通のメールが届きました。

【少年からのメール】
夜分遅くに申し訳ありません。
○○少年院で、お世話になった元2寮の△△と申します。この度は無事高卒認定にも合格し、少年院内での美容師とプロボクサーになるということを実現するため通信での◇◇美容学校、美容室でのバイト、ボクシングジムでの練習に励んでいます。勉強も好きになり、ここまで更生への努力ができたのは髙橋先生のおかげです。
本当にありがとうございました。
院内での、個人授業にて更生できたら連絡をしてくれとのことでしたので、この度は連絡いたしました。ご返信頂けたら幸いです。

彼には矯正関係の知人からの依頼で、全国紙の取材をお願いし、彼は、改正少年法における十八、十九歳の「特定少年」との位置づけに反対の意味で、快く取材を受けてくれることになりました。

【少年からのメール】
いえいえ。とんでもないです笑笑
少年法の改正は自分もあまりよく思っていません。あくまでも自分の考えなのですが、少年院の中には出院後、更生できなかった方が何割かいると聞きます。その分更生できてる人が多いのも事実で、自分もその中の一部に入ることができました。18・19から更生の道を閉ざされるのはちょっと年齢的にも早すぎる。
そのため協力できることは協力していきたいと思ってます！

また何か自分にもできるようなことがあればご連絡ください！

この後、彼は実名・写真付きの取材を受けたと聞き、その理由のメールも紹介します。

【少年からのメール】

写真の件は両親と嫁にも話は通しました！
ボクシングの方も会長に連絡したら許可もらえたので問題ないです！
世間の人たちに、18から少年院入って更生することができましたというアピールをどうしてもしたくて顔の写真okにしました。
そこまでしないと一般人の方からしたら少年院と刑務所は同じような場で、罰する場所だという印象が無くならないと思うんですよね。
少年院という更生施設に入り、更生できたと。過去のことは過去のことで罪を犯した事実があったけど今は少年院のおかげで変わることができたっていうのをアピールしたいんですよね。

（一部削除）

このように少年院出院後、生まれ変わって生きていこうと努力している少年が確かにいることを、読者の方々に少しでも伝えることができればうれしく思います。

学力は生きる力である

「先生、自分も大学行けますか?」

繰り返しになりますが、少年院では私語が厳禁で、授業中でも必ず挙手をして許可を得てからの発言となります。

二年目の第一回高認試験対策講座のときの話です。

午前中に一時間の講座を二コマ、トイレ休憩約十分間を入れて行います。そんな中、トイレから戻って来たひとりの少年が席に戻るとき、わざわざ遠回りをして私にギリギリまで近づき、私の前を通る一瞬に「自分でも大学行けますか?」と、ひとことだけ言って席に着きました。彼はこの講座を受講した時点では九九が怪しく、特に七の段をまだしっかりと覚えていなかったので、つぎの授業までに九九を覚えておくようにと、個人的に課題を出しました。そして、「大学へは入れるよ。そのためにもここでしっかりと基本を勉強し、まずは高認試験の全教科合格を目指そう!」と、彼の机に行き声掛けをしました。

ちなみに、彼は中学時代にいじめにあい学校に居場所がないとき、知り合った友人との付き合いの中で徐々に学校から遠ざかり、その後、悪い仲間の中に居場所を見つけてしまったとのこと。そんなとき、悪い仲間の起こした犯罪に巻き込まれ、長期の二年間の入院措置になったそうです。

そんな彼から個別指導時、「将来的にスポーツジムのパーソナルインストラクターになりたい」との希望があり、そのためにもどうしても大学の体育学部に入学する必要があるから、高認試験に合格したいと話をしてくれました。私は彼の真摯な眼差《まなざ》しに、疑うことなくアドバイスをしました。その後、彼は勉強をし、驚くべきことにたった一回で全八教科をパスし、高認資格を取得しました。これは本当に凄いことで、特に少年院では休日以外は分刻みで一日の日課が決まっていて、勉強時間も大変限られたものです。ここからも彼の本気度が伝わると思います。

その彼から、突然、つぎのような連絡をもらいました。実は、この彼からのメールが出院少年からの初めてのものでした。とてもうれしく、その後彼とは年に一回は会うようにしています。

【少年からのメール】

お久しぶりです髙橋先生、○○少年院出院生の△△です！　約束の通り連絡させてもらいました！　なかなか生活が落ち着かず連絡遅れてすみません。

高橋先生はお元気にしていますか？　時間のあるときに連絡してもらえれば嬉《うれ》しく思います。それではお身体などに気をつけてください！

【少年からのメール】

お久しぶりです髙橋先生！　少年院を退院してから3ヶ月程経ちました！　やはり少年院で考えていたように上手く毎日を過ごす事が出来ずなかなか進展のない毎日をすごしています。ですが少年院で学んだ事を無駄にしないように自分なりに頑張ってはいます。最近は父親の仕事を少し手伝ったりしながら生活していますがそこまで充実感を得られるものでもなく、一刻も早くちゃんとした職をみつけ、自立し社会人として生きて行きたいと思っています。

このメールのやり取りのあと、会って話をしたとき彼から言われたのが、「入院前の中卒のときはハローワークに行ってもほとんど仕事がなかったけど、高認の資格をとってから行くと、たくさんの中から選べるんですよ！」と、うれしそうに話をしてくれました。そして、その後、まずは車の免許をとるためにホテルの裏方のパートを始め、お金をためて車の免許をとったとの連絡がありました。そして、驚くことに彼は、免許をとってすぐにお世話になった少年院に挨拶に行ったのです。

それからしばらくして、つぎの連絡をもらえました。

【LINE：少年から】

新年あけましておめでとうございます。この度転職することになりました!!

今回の会社に入社するに当たってようやく高卒認定試験が現実的に役に立ちました。応募基準に高卒以上と書いてありましたが、高卒認定をもっていたので通ることが出来たのです。本当にあの時、高橋先生から教えて頂かなかったら今の仕事に就くことも出来なかったと思います。

高校進学率98％の今日、最低限高卒の資格がないと職業の選択が大変限られたものになってしまうのは事実です。そんな中、矯正教育で高認資格をとらせようとする試みは、今まで職業指導に比重を置いてきた点からすれば、とても画期的な取り組みだと思います。

彼はよく「自分にとっては、少年院が自分の青春だった」と言い、「お世話になった先生方を絶対に裏切ることはできないですから、頑張ります」と言います。そして、別れ際には必ず「先生方によろしくお伝えください」と言われます。彼は、少年院で初めて自分と真剣に向き合ってくれる大人に出会ったからこそ、出院後も先生（法務教官）とどこかでつながりたいとの想いが強いのだと感じます。

ここまで強く印象に残っている六人の少年について話をしてきました。少年院で変わった彼らの姿が少しでも伝わればうれしく思います。ただ、出院後の現実は、少年たちにとってはとても厳しいものがあります。複数の施設で教官曰《いわ》く「少年たちの中には出院が決まると、出たくない」と、泣きながら担当教官に言う者がいるそうです。社会に出れば施設内での教官方のような大人ばかりではありません。逮捕・処遇履歴は残りませんが、前歴は就職活動の際、スティグマ（負の烙印《らくいん》・差別・偏見）として、彼らに息苦しさを与えることも十分考えられます。就労における職業選択において学歴も十分に影響があることも否定できません。さらには、入院前の非行仲間との関係も、少年たちにとっては心の重石《おもし》として存在することから、出院後の居場所は、彼らにとって重要な問題でもあるのです。

居場所を探す

少年にとって、施設で自らと向き合い反省し、将来について考えることができるようになっても、最後に少年の努力だけでは越え難い問題が待ち構えています。それは、出院後の居場所です。少年の矯正にとって、出院後の住まいおよび就労、もしくは就学は、再犯防止において、また社会で生きていく上での大きな課題となります。

約八割の少年が出院後は親元に戻りますが、残り二割は親から拒否され、そのために少年の行先を探すことで出院が延びることもあるそうです。さらに、親が引き受けたとしても本人が戻るのを嫌がる場合もあります。私は何人もの少年から「親のところに戻るのが嫌で嫌で、それが今は一番の悩みなんです」と、聞かされます。また、問題なく親元に戻り再起をはかろうと決心をしても、少年には別の大きな問題があります。

それは、地元で彼らを待ち受けている非行仲間の存在です。

十七年前、私は初めて少年院を出院したばかりの少年を指導した経験があります。埼玉県川口市で私が教えていた塾の同僚から、知り合いの息子が大検（旧大学入学資格検定／現・高認試験）の数学が受からないから教えて欲しいとの依頼があり、そのときの話をします。

その少年は、ある県を仕切っていた暴走族の頭でした。当時、暴力団から命令されて悪さもしていたから毎日が辛くて、だから一斉検問で捕まったとき、これで今の状況から逃げられると、すっごくうれしかったと。でも、少年院を出て地元に戻ったら後輩に見つかり、何十人もが一列に並び「お帰りなさい！」とショッピング・センターの駐車場で挨拶をされ、さらに○○組の△△さんが待っているのですぐに挨拶に行きましょう！　となり、すぐに父親と県外に逃げて来たと言うのです。さらに、知らない土地だからか昼間外に出ると不思議とそこの不良に絡まれそうになり、問題を起こすと少年院に戻されるからアパートにひとり、何もせずじっとしているしかなく。そんなとき、この時間に勉強をして、将来、工務店の親方になりたいという夢を実現するため、大学の建築科に行こうと決めたそうです。彼を三ヶ月間指導した結果、自己採点ですが満点で大検に合格し、その後、夢に向かって頑張っているようです。

そして、今から三年前になりますが、この少年と同じような経験をしている教え子がいます。少年院を出てから半年後に突然、その教え子からつぎのメールが届きました。

【少年からのメール】

いきなりのメールで申し訳ありません。
高橋先生、瀬山先生のおかげで高認に合格できたことをご報告させていただきます。
私は今、△△△の○○で家族とやり直しをスタートさせることができました。これも高橋先生と瀬山先生が僕に数学と出会わせてくれたおかげだと思っています。□□少年院で数学と出会いは、自分が本気になれるものを見つけられた気がしました。（まだまだこれからなのはわかっていますが）今後家族に少しでも迷惑をかけないよう。なんとか国立大学に進学し、少しでも自分のやりたいことをできるようにしていくつもりです。

本当にありがとうございました。いきなりのメールと無礼をお許しください。

追伸
もし、髙橋先生のところで大学受験向けの塾や講義があればぜひ参加させていただきたいのですが、そのようなご予定はありますでしょうか？

彼は少年院での授業中、静かで話しかけてもうなずくだけで、ただただ授業に参加している少年との印象しかなく、ここまで化けるとは想像もつきませんでした。
このメール後、彼と会って話をすると、「少年院で授業を受ける段階ではまったく数学はできなかったが、授業を受けているうちに徐々に分かるようになり、子どもの頃の夢であった宇宙工学の研究者になろうと思うようになったんです」と。そこで、彼の志望校の過去問と、出院祝として参考書数冊をプレゼントして別れた後、彼から再び連絡がありました。

【少年からのメール】
今日は忙しい中ありがとうございました。先生に色々とお話を聞けて本当によかったです。
相談していく中で、少し目標が明確になってきた気がします。自分のレベル、勉強したい事のなかから最適な大学を選べるように自分なりにもっと将来について考えてみようと思います。（中略）物理は教科書を読んで問題を解く。数学はチャート式をテンポよく進めていく。とりあえずの目標は夏までにセンター7割から8割を目指したいと思います。ご飯ご馳走《ちそう》様でした。一年後先生にいい報告ができるようにがんばります。

だが、この後、突然、彼とは連絡がとれなくなりました。そして、だいぶ時間が経ってから彼から突然連絡があり、「実は、昔の仲間からの誘いがしつこく、このまま自宅にはいられないと他県にひとりアパートを借りて引っ越しました」とのこと。それ以降は、再び彼とは連絡がとれずにいます。

少年院で勉強をすることで将来への足掛かりができ、親元に戻れたにもかかわらず、彼に限らず多くの少年には出院後、ふたつの問題が待ち構えています。ひとつは静かに生活する居場所問題。もうひとつは、やっと勉強をする動機づけができたが、やはりまだひとりで勉強をするには難しく、この習慣を継続する学習問題です。

居場所問題についてさらに書くと、以前、教官から聞いた話で、出院後、昔の仲間から「お前が少年院にいたことを周りに知られたくなかったら、金をよこせ」と、恐喝される少年もいて、再び犯罪に手を染めてしまう現実もあるようです。

このように、昔も今も、出院後、元の仲間から連絡があり、縁を切るのが難しく、他の街に逃げ孤立し、社会復帰が難しくなる場合も多くあります。読者の中には「彼らは悪いことをしたのだから、仕方ないでしょ！」と思う方もいらっしゃると思います。ある意味、理解はできます。でも、我々は彼らと共に社会で生きていかなければなりません。また、彼らの一部は社会に出て生きていく上で辛い環境になったとき、犯罪へのハードルが低いものになっています。プロローグの彼の「自分は楽してお金を稼ぐ方法を知っている」との言葉を思い出してもらえれば、理解して頂けるかと思います。

彼らが出院後、社会復帰するには多くの方の理解と支えが必要になります。矯正教育だけでは難しい現実があることを理解して頂ければうれしく思います。

そこで、次章では学力の視点から、私の大学院での調査より得たデータを通して、非行少年の別の姿を知って欲しいと思います。

第四章　調査・統計から見えてくる、少年たちの学力・学習に対する想い

　前章まではこの十年間、私の少年院での経験および、数学の教科指導による少年の変容を通じて矯正教育における数学を学ぶ意義をお話ししてきました。でも、このような体験談だけでは、矯正教育における教科指導、特に数学を少年たちが学ぶことの意味が、矯正の世界に対し説得力を持っては伝わらず、やはりエビデンスが必要と苦悩するところです。

　そんな中、数年前、矯正教育における教科指導の意義を深く理解されている少年院院長と偶然にもお会いできたことで、その方のご協力により法務省矯正局少年矯正課との共同研究の機会を得ることができました。そこで、四年前、年齢五十を過ぎてから大学院に進学し、エビデンスのもと矯正教育における教科指導の意義を論文としてまとめることができました。

　そこで、ここ第四章では自分の研究をもとに、調査・統計から見えてくる少年たちの「学力・学習への想い」を通して、矯正教育における教科指導の意義をお話ししたいと思います。

少年たちの入院時の学力

法務省矯正局との共同研究の中心課題は「少年院在院者に集団授業を行うことで学力の向上が見られるか否か」であり、まずは少年たちの入院時の学力を知る必要がありました。

先行研究として、名古屋矯正管区内の少年鑑別所・少年院在所（院）者の基礎学力に関して、「国語では中学校3年生、算数・数学では小学校6年生レベルに達していない者が大多数であり、補習教育の必要性が高い」との報告があります（『矯正教育研究』第六十巻）[1]。ただ、入院少年の教育背景はさまざまなので、そこで今回は、教育程度別に「中学卒業」「高校中退」「高校在籍」「高校卒業」と四分類し、各入院時における数学の基礎学力に関しての調査から始めることにしました。

基礎学力の尺度として、我が国では国立教育政策研究所による全国学力・学習状況調査での基本教科が数学と国語であることから、基礎学力調査の教科としては、この二教科が候補となります。ただ、国語に関して少年院で行われるテストは漢字試験、漢字検定試験のみであり、これだけでは客観的に読解力を含む国語の基礎学力を判断することは難しい。一方、数学に関しては、教育内容は年齢に合わせて学年ごとに指導項目が具体的に決められています。また、在院者の生育環境を考えたとき、少年たちの数学学力が各学年での指導内容を超えて、彼らの日常生活から影響を大きく受けることが考えにくい。よって、数学の学力は在院者の学校教育での学力をかなりの程度反映していると考えられます。以上のことから、今回、数学の理解度を基礎学力向上の尺度とすることが現実的であると判断したわけです。

そこで、調査対象施設の三ヶ所では、共通の院内数学検定テスト[2]が行われています。このテストは、数学者・数学教育者の瀬山士郎先生監修のもと、私が小学一年生から高校一年生（数学I）までの内容を学年別に全十四段階に分類し体系的に作成したものであり、さらに、入院時にどの級から開始するかを判断するための「入院時学力チェックテスト」も行われています。よって、まずはこの「入院時学力チェックテスト」の結果から、教育程度別に入院時の数学基礎学力を確認し、その結果が左ページの［図1－1・2・3・4］になります。

調査対象少年六十八名の内、入院時の数学基礎学力は小学二年生以下が約28％、小学四年生以下が70％強を占めることが新たに分かり、調査対象者の約90％が小学六年生以下の学力であることが改めて確認できました。また、中学卒業者と高校中退・在籍・卒業者との間に大きな学力格差は認められない。よって、教科指導で問題となる「学力格差」による集団授業の難しさの指摘は必ずしもあたらず、外部の専門的な指導者と連携することにより、さらなる充実した指導が可能であることも示唆されました。

少年院入院時、七割の少年の基礎学力が小学四年生以下であることがはっきりしたので、つぎにその要因として大きな比重を占めると考えられる、最終学歴および学校生活での不登校に

図1-1
中学卒業者の学力水準(n=43)

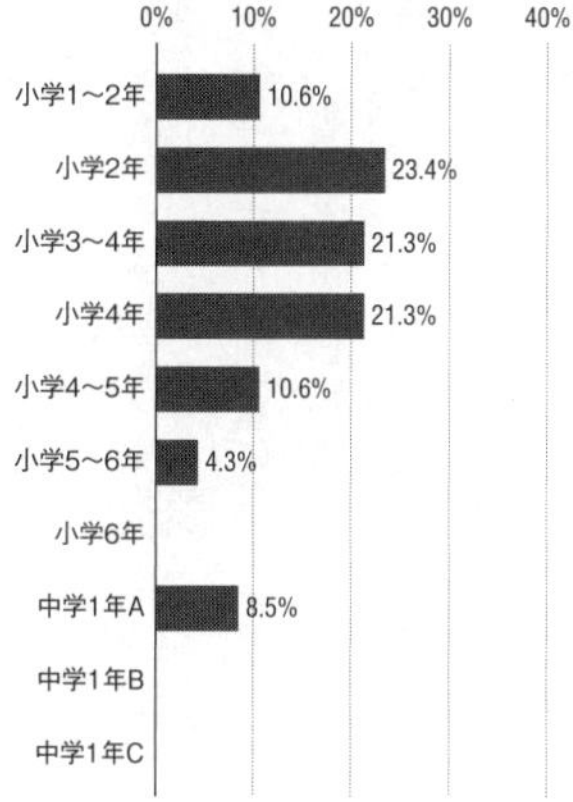

図1-2
高校中退者の学力水準(n=14)

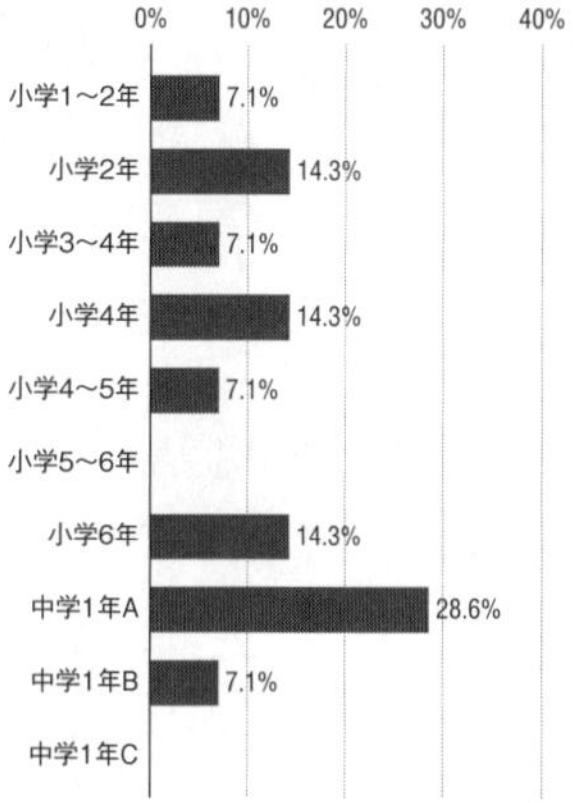

図1-3
高校在籍者の学力水準(n=3)

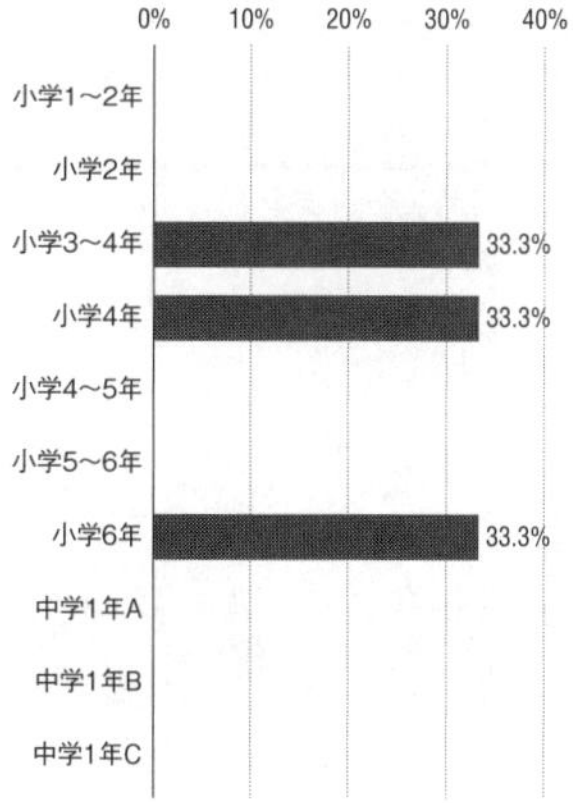

図1-4
高校卒業者の学力水準(n=8)

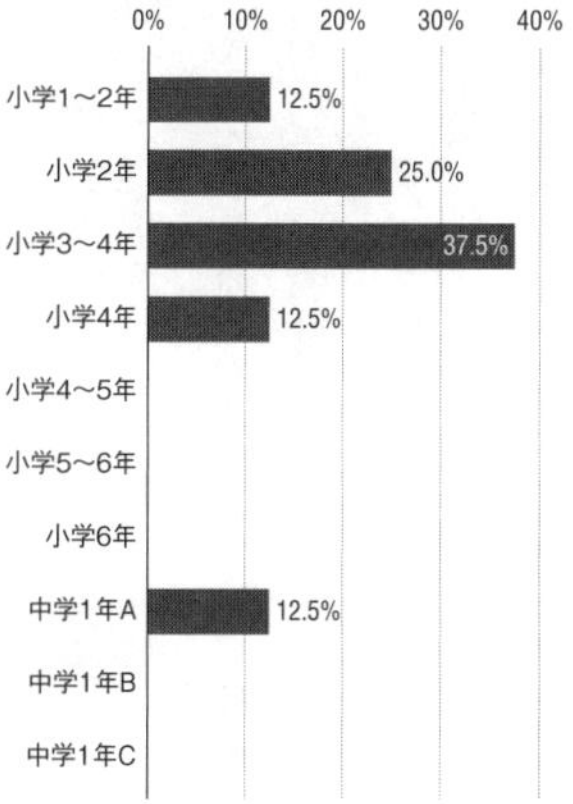

出典：「入院時学力チェックテスト」より、筆者作成

ついて調べてみることにしました。

入院少年の最終学歴と学校生活（不登校）

入院時の「教育程度別基礎学力」との関係から、入院少年の「最終学歴」と「学校生活での不登校」に関して調査した結果が左ページ［図2、図3］です。最終学歴に関しては、平成二十九年度少年院入院者と平成三十年度入院の調査対象者とを比較することで、少年院入院者の最終学歴は中学卒業の割合が高いことが改めて確認できました。我が国が未だ学歴社会であり、高校進学率が98％強であることを考えると、学歴からも出院後の社会復帰に困難さがあることは否定できません。また、入院者の高校中退率が高いのも気になる点です。平成二十年から二十九年までの十年間の（国・公・私立）高校中退率[3]が1・5％前後と低い状況で推移していることから、少年院在院者の高校中退率は高いと言えます。

つぎに、基礎学力と特に関係する「不登校」の実情は、調査対象者の82・4％が登校拒否を経験し、早くは小学校三年から見られます。登校拒否が高校時であれば、そのまま中退という流れになる場合が多いと推察できます。

登校拒否の要因を学力の視点から考察すると、この小学校三年生という早い段階からの一因として、わり算項目の出現が関係すると考えられます。わり算には「等分除」と「包含除」の

図2　(平成30)調査対象者と(平成29)少年院入院者の最終学歴の比較

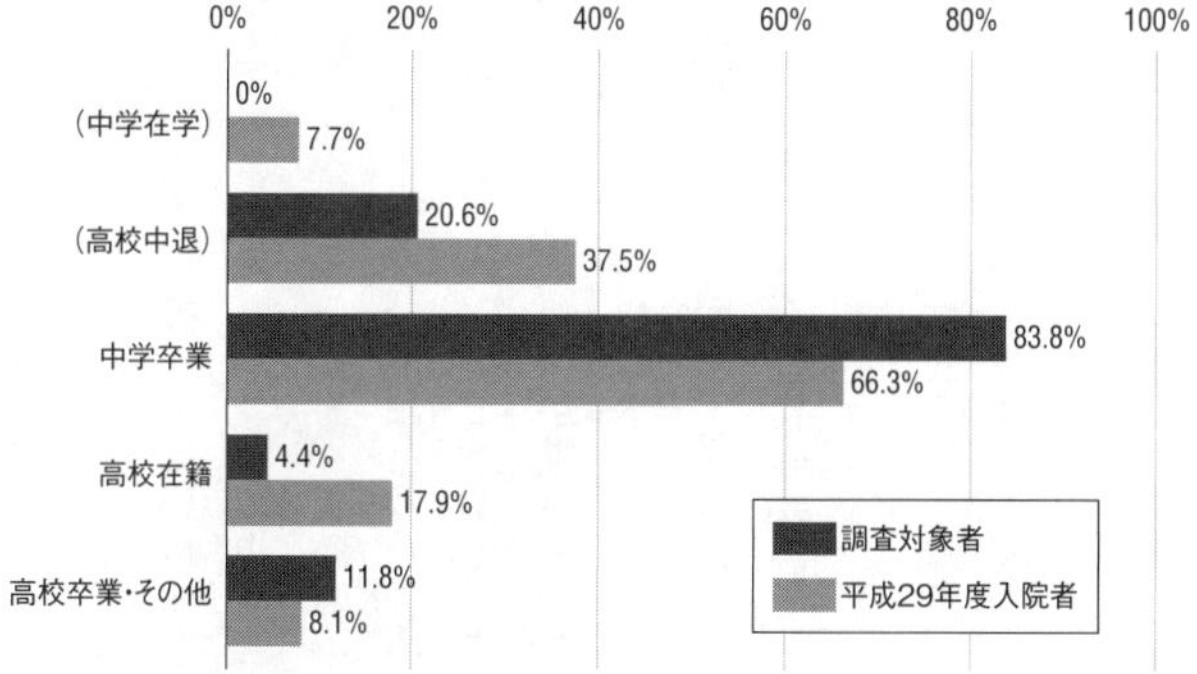

補)1：中学卒業の割合には、高校中退者も含まれている。
　2：調査対象の施設の中に、義務教育終了者だけが入院する施設が含まれていることから、中学卒業の割合が高いと考えられる。

「入院時アンケート調査」、「平成30年版 犯罪白書」矯正統計年報の資料より、筆者作成

図3　学年別不登校時期の割合(調査対象者n=56)

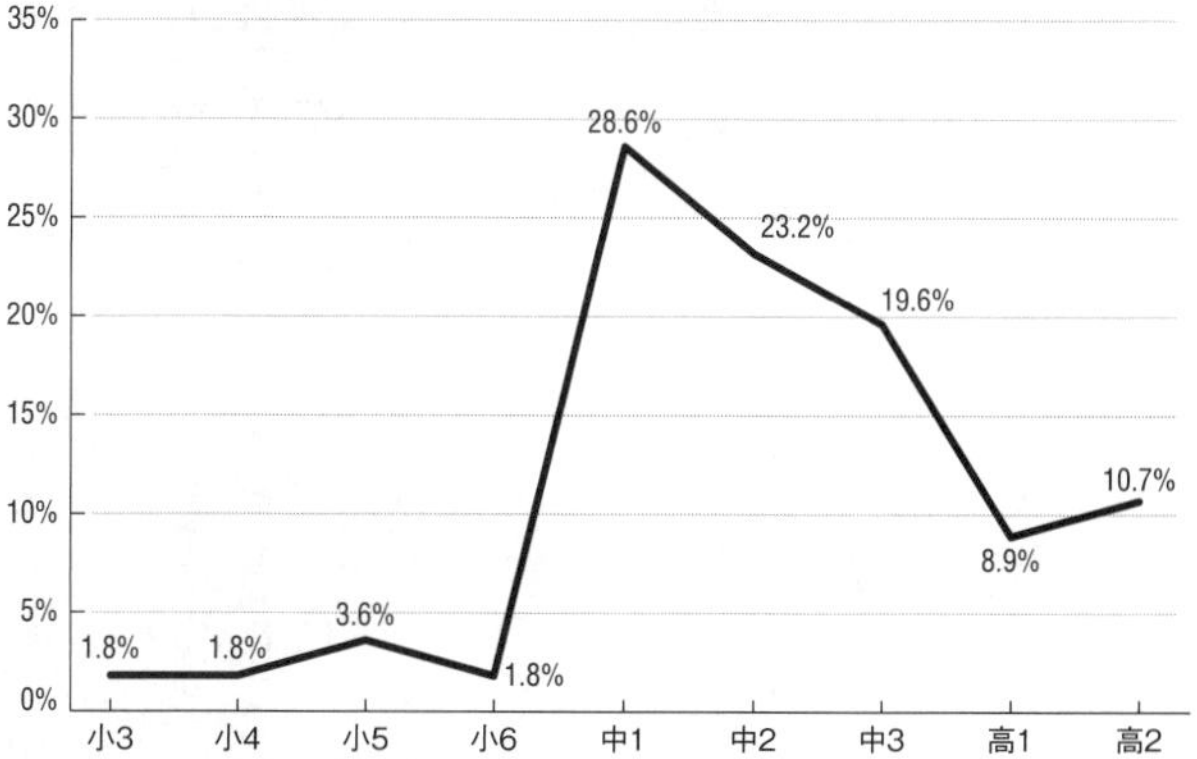

「(入院時)学習に関する意識調査」より、筆者作成

ふたつの意味があり、分数の前段として小学生がのり越えづらい項目でもあります。私が指導した多くの少年がわり算ができず、また、その前段階の九九が怪しい少年もおり、このあたりから徐々に学力の面でついていけず、小学三年生から学校と距離を置くひとつの理由として推察できます。さらに、昨今問題視されている新しい環境に馴染《なじ》めないという要因から中学一年生時に不登校が始まる点も、入院者の状況と一致する結果が見られました。

そこで、彼らが不登校になった理由を自由記述で回答をお願いしたところ、内容としては大きくつぎの三つに分けることができます。

①「つまらない・勉強が嫌い・授業が分からない」
②「友人関係・いじめ」
③「教師との関係から、学校に行きたくない・学校に来るなと拒否された」

この①~③より、不登校の要因として、彼らは学校に自分の居場所を見つけられなかったことが強く示唆されます。だからこそ、我々は少年院入院者に対して、もう一度、何とかもう一度だけ教育を受ける機会を与えて欲しいと、強く切望するわけなのです。

そこで、つぎの項目以降で、私が入院少年たちに教育の機会を与えるべきだと強く主張する根拠をお話しします。

入院少年の学習意識

ここでは調査対象施設三ヶ所で、入院時に行った「学習に関する意識調査」をもとにお話をします。まずは少年につぎの質問をしてみました。

Q「この施設で『数学や英語などの教科を学ぶコース』があれば、それに参加したいですか」

この問いに対する回答は、つぎのページの図4の結果になります。

不本意にも学校教育から距離を置こうとした少年たちを含め、調査対象者の七割の少年が学習意欲を持っていることが分かりました。

そこで、少年たちが学びたいと思う教科（主要五教科）について、つぎのふたつの質問をしてみました。

Q「以下の①から⑤の中で、あなたが学びたい教科は何ですか。すべてについて番号に○をつけてください。この他の科目もあれば（　）の中に書いてください」

①国語　②数学　③英語　④理科　⑤社会　⑥その他（　）

Q「将来の自分を考えたとき、学ぶことが役に立つと思う科目があれば、前問①～⑤および⑥からあるだけ選んで、左から役に立つと思う順番に並べてください」

このふたつの問い（Q）に対する回答は99ページ、図5－1・2・3・4の結果になります。

図5－3・4より「授業に参加しない」と回答した三割の少年たちでも「授業参加希望者」

図4　全調査対象者の教科コース志願の割合

Q　「この施設で“数学や英語などの教科を学ぶコース”があれば、それに参加したいですか」(n=72)

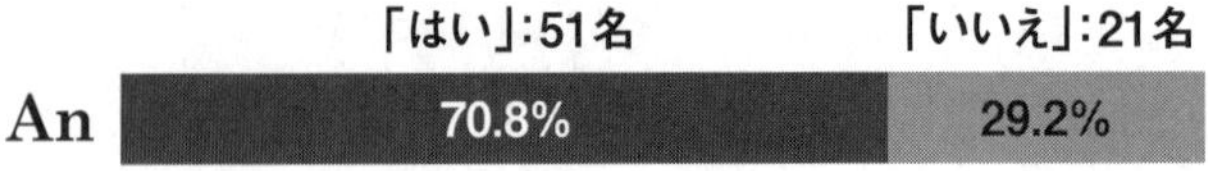

出典：「(入院時)学習に関する意識調査」より、筆者作成

と同程度の認識で、学びが将来の自分に役立つと考えていることが分かりました。

つぎに科目に関しては、図5－1・2・3・4より、すべての少年たちに「国語」が特に重要であるとの強い想いが読み取れます。先行研究で少年院入院者の国語の学力が「中学三年生のレベルに達していない」とあることから察するに、彼ら自身、国語の学力不足を自覚していると推察できます。ただ、国語力不足は、現状の中高生にとっても問題になっていることであり、これは少年院入院者特有のものではないと考えます。

ここまでで、少年たちの基礎学力および学習に対する想いがある程度分かりました。そこで、共同研究の課題である「少年院在院者に集団授業を行うことで学力の向上が見られるか」の調査を行う前段階として、矯正教育において「教科指導」が生活指導・職業指導と同程度に必要なのか。まずは学力を起因とする指導上の問題がどのようなものであるかを、

図5-1　授業参加希望者
（各教科希望の割合）

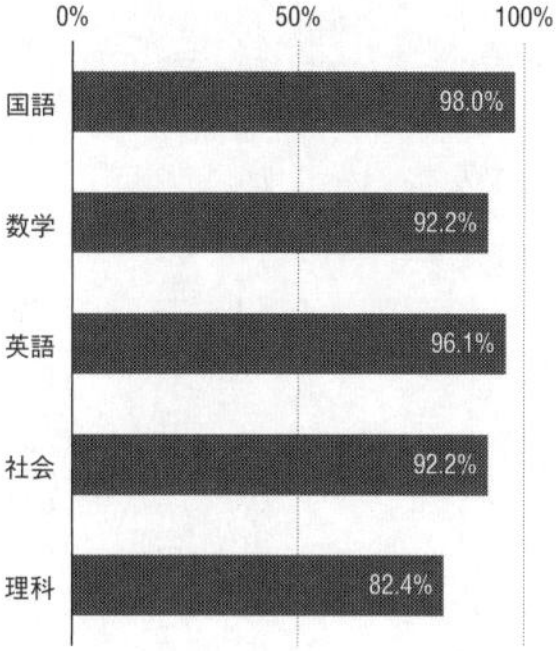

図5-2　図5-1で1位に選んだ教科の割合

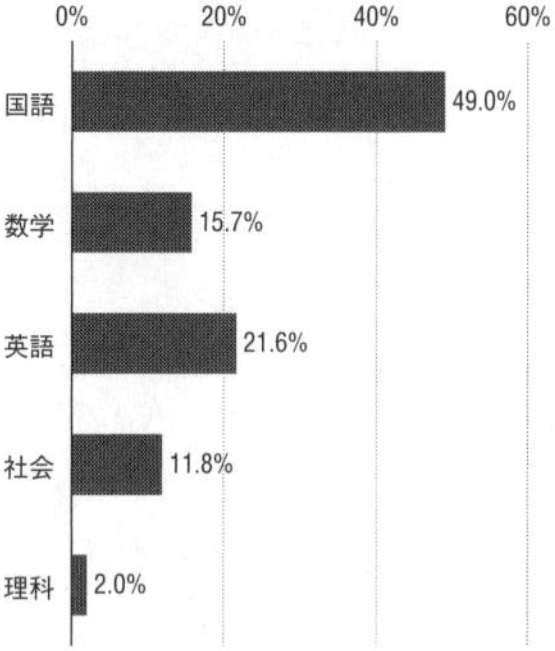

図5-3　授業不参加者
（各教科希望の割合）

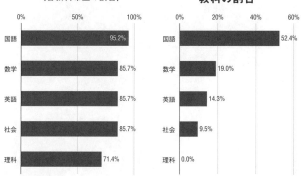

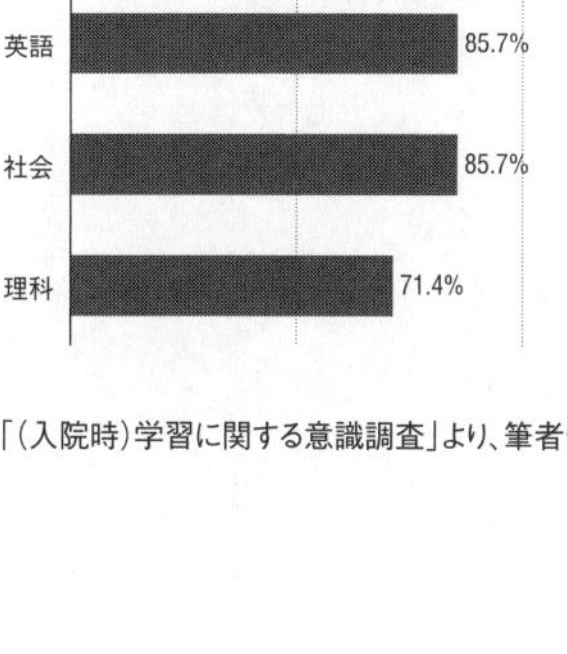

図5-4　図5-3で1位に選んだ教科の割合

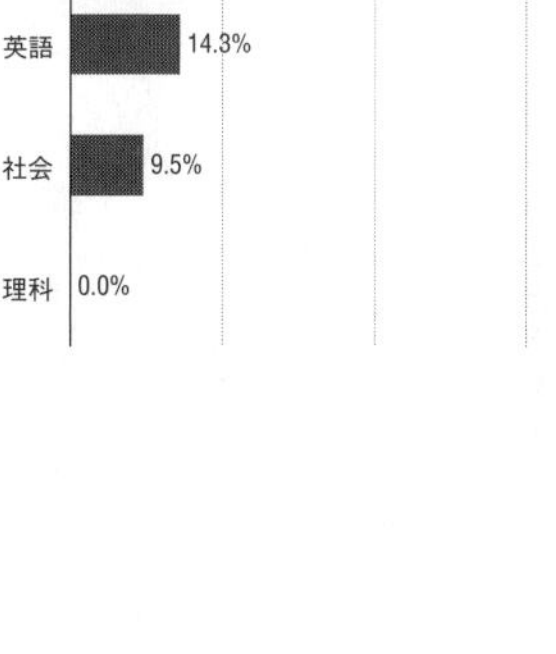

「（入院時）学習に関する意識調査」より、筆者作成

現場の意見をもとに確認しておきたいと思います。

矯正教育における学力不足を起因とする課題

調査対象三施設に対し、指導時において少年の学力不足に起因する課題について、自由記述形式で回答して頂いた内容は、つぎのようなものでした（回答をそのまま記載）。

・国語、数学の基礎学力の不足から、抽象的概念の欠如がある。指導時の説明では「抽象的、難解な表現はなるべく避け、より具体的で親しみやすい表現方法や題材を用いることを心がける」。

・話し言葉による説明を理解したり、記憶するのが苦手な者が目立つ。また、参考書などの説明を自分で読んで理解できない者も多く、自習では限界がある者も目立つ。仕事に就いた際に、上司からの指示や説明が良く理解できないなど、社会生活に支障を来すことが不安視される。

・抽象的思考を苦手としている少年が多いのは、基礎学力不足が関係しているのではないかと感じる。

・語彙力が乏しい入院者が多く、教官から指導された内容を理解できないことが多くある。

これらの各施設からの回答より、現場の法務教官から「基礎学力不足を起因とする、少年の抽象的思考・抽象的概念の欠如」が指摘され、これを要因として指導時における法務教官と少年との言語による意思疎通の困難さが、各施設共通の課題として明らかになりました。

念のため、読者の何人かの方は「入院少年の多くが学習障害ではないのか」と、疑いを持たれてはいないでしょうか。確かに、少年院入院者の中にはある程度の割合で学習障害の少年はいます。しかし、今回の調査においては、施設からの報告として、学習障害の疑いがある少年は含まれていませんでした。

さて、この時点で、矯正教育の指導において、現場の意見として少年の基礎学力の欠如による指導の困難さの側面から、基礎学力習得の必要性が確認できました。

このことから、共同研究の課題である「集団授業を行うことで学力の向上が見られるか」の検証が不可欠であるとともに、教科指導の意義も明らかになってきました。

では、早速、「集団授業」と「補習教育」での基礎学力の習得度を比較した結果をお話ししたいと思います。

抽象的思考から、「介入群（集団授業）」と「対照群（補習授業）」との学力比較

共同研究の課題である「集団授業を行うことで学力の向上が見られるか」の評価方法としては、入院少年を「集団授業受講者」と「通常の補習教育受講者」のふたつのグループに分け、入院時と出院時での両グループの学力を比較することで的確に判断がつくと考えました。ただし、少年院では十五歳以上の義務教育修了者には、義務教育を対象とした赤城少年院のような授業形式の教科指導は行っておらず、通常は法務省矯正局独自に作成されたテキストによる、自学自習が補習教育の基本となっています。

そこで、二〇一六年度から入院少年に高校卒業と同程度の資格（高認試験）をとらせようと、一部の施設で高認試験対策講座が行われていることを利用し、「集団での高認試験対策講座受講者を介入群」、「通常の補習教育受講者を対照群」として、この「介入群」と「対照群」を比較することで、集団授業の効果を判断することにしました。

この両群の院内数学検定テストの結果をもとに、各入院時と出院時での学力の比較をグラフ化すると、共に小学四年生と中学一年生レベルでふたつの山が見られました。このふたつの山は少年たちに抽象的思考を要求することを意味し、ひとつ目の山は「分数の理解」であり、ふたつ目の山は「符号の変化および文字を数字の感覚で扱う」ことです[4]。そして、特にふたつ目

の山（中学一年生の数学レベル）を越えることが、今後、数学を学習する上で重要になります。さらに、この中学一年生の数学の山が越えられれば、高認試験の数学Iの最低合格ラインと言われている、四十点の基準を高い確率で越えることもできます。その根拠としては、調査対象施設の調査期間内に行われた平成三十年度高等学校卒業程度認定試験合格率から確認できます。

平成三十年第一回（八月）数学合格率90・3％（三十一人中、二十八名合格）、第二回（十一月）数学合格率72・2％（十八人中、十三名合格）。

そこで、調査対象者約90％の基礎学力が小学六年生以下であることから、学力の習得度を測る基準を、抽象的思考が強く求められるふたつ目の山「中学一年の数学」とし、出院時においてこの基準以上のレベルに達するか否かで、改めて両群の学力の習得度を判断することにしました。

院内数学検定テストの内容を「小学数学（算数）」「中学一年数学」「中学二～三年数学」「高認試験（数学I）」と四つに分類し、介入群（集団授業）と対照群（補習授業）が各入院時・出院時において、どの分類に入るかを割合で表し、それぞれをグラフ化したものが105ページ（図6－1・2）になります。

図6－1介入群（集団授業）では、入院時の学力が算数レベルだった少年の約六割が学力を中学数学以上まで伸ばし、七割以上が高認試験（数学I）に合格しています。しかし、図6－

2対照群（補習教育）では、入院時の学力が算数レベルだった少年の約三割しか学力を中学数学以上に延ばすことができませんでした。

このことから、基礎学力を中学校までの義務教育の範囲と考えれば、現在の自学自習テキストを主体とする補習教育指導では、数学の学力を算数の域を超えて延ばすことが難しいことが明らかになりました。言い換えれば、基礎学力が不足している少年であっても、集団授業形式の補習教育を受けることで、抽象的概念の理解が進みやすくなり、多くの少年が中学数学以上のレベルまでの学力を習得できることが分かりました。

先に引用した先行研究『矯正教育研究』（第六十巻）の基礎学力の報告では「暗記的な知識を問う漢字の書き取りや抽象的な数の概念を必要としない単純な計算についてはつまずきが小さい一方、言語を操る『表現』の問題や、抽象的・概念的思考を要する数や図形の問題でつまずきが見られると言え、これらの特徴を整理すると、覚えているだけの知識や目に見える事象のみの理解では解決しない、より複雑な思考（頭の中で執り行う論理的（数理的）かつ抽象的な思考）の過程を経て答えを導き出すといった、いわゆる『考える力』が乏しいことが推察される」との指摘もありますが、今回の調査結果により「集団授業形式」の数学指導によって抽象的思考が養われ、この報告に関する危惧や学習上の困難がのり越えられる可能性がはっきりと見えてきました。

では、学力に関して最後に、「両群受講者の学習意識」と「法務教官が感じる両群受講者に対する特徴」をお話ししておきたいと思います。

図6-1　介入群／集団授業(n=26)
入院時・出院時(数学)の学力比較

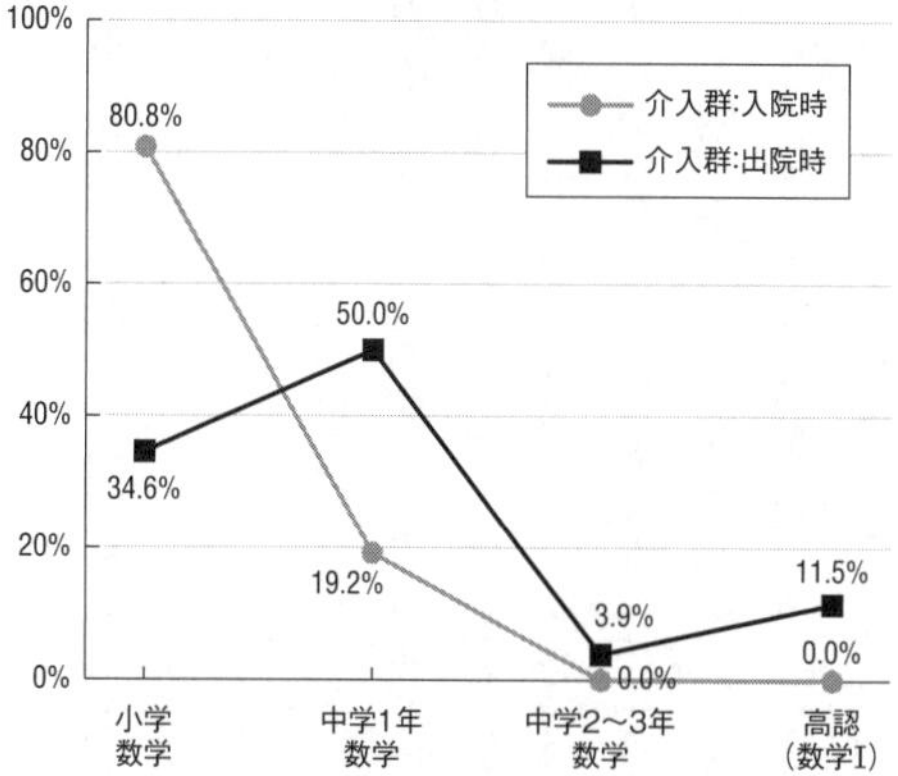

図6-2　対照群／補習授業(n=42)
入院時・出院時(数学)の学力比較

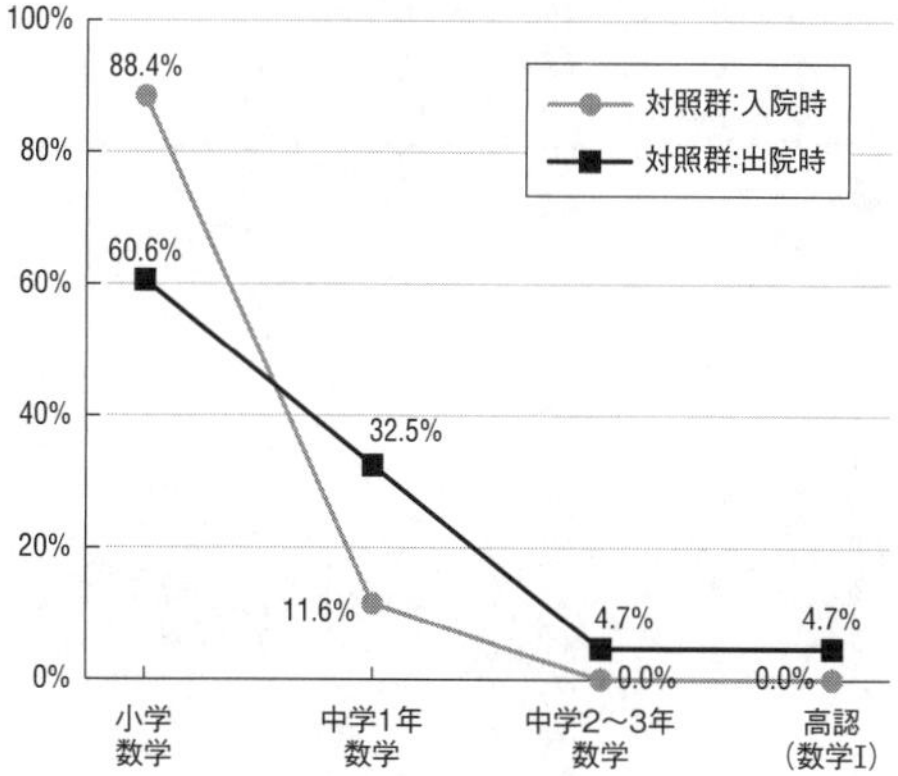

「院内数学検定テスト」結果より、筆者作成

「介入群（集団授業）」と「対照群（補習授業）」との学習意識の比較

『現代日本の少年院教育』の中で、日本教育学会会長（当時）の広田照幸氏は「学習は、当人が自分に対して行う活動である。それに対して教育は、他者に対する働きかけの行為である」と言う。よって、本人の自発的意志がないと、学習は進まない。この点から、さらに「外側からの教育的な刺激と、内側からの自発的な意志とが両方ないと、教育は成立しない」ともある。「つまり、教育と学習との間には、不確かなつながりしかない。教育者による外側からの刺激が、被教育者によって自発的に受け入れられた場合（教育的関係）にのみ、被教育者の内側で学習（何らかの変容）が起きるのだ」と言う。

すると、内側からの自発的な意志の確認となる「少年たちの学業および学習への意識」が分からないと、教科教育（補習教育指導）および学習が成立しているとは判断し難い。

そこで、ここでは「両群受講者の学習意識」とともに「法務教官が感じる両群受講者に対する特徴」についても、示しておくことにします。

まず、学習意識については少年の自由記述ではなく、事前に提示した介入群となる高認試験対策講座の受講理由とそれに対比する形で、対照群となる補習受講者には拒否理由を示し、当てはまるものにすべてチェックを入れてもらうことにしました。ただし、法務教官が感じる両群への特徴に関しては、自由記述です。

介入群（集団授業）の受講理由（109ページ図7－1）として、全員が「将来はたらく上で学力は〝必要だ〟と思うから」を選んでいます。さらに興味深い点は「授業をうけて分かるようになりたいから」が85％強と高く、ここからは、公理的、有用性を越えた少年たちの学習意欲も読み取れます。この意識は生活態度にも表れ、少年の前向きな気持ちを現場の教官が感じる特徴（109ページ図7－2）としても、的確にとらえられていることが分かります。

一方、介入群とは対比的に、対照群（補習教育）の選択理由（111ページ図8－1）では、割合が高い項目に「興味が無いから」「授業をうけても分からないから」「学校での授業がつまらなかったから」を選んでいます。特に「なんとなく」の選択が三割近い点からも、彼らの中で学力に関しては、すでに諦めの気持ちが読み取れます。よって、入院時の基礎学力の欠如が高認資格取得へ踏み出す足かせになる可能性も否定できません。別の視点から見れば、学力に対して諦めの気持ちが強く、学力や学歴に価値観を持たないとも推察できます。

これに呼応するかのようにここでも少年の内面が生活態度に反映されるのか、教官が感じる特徴（111ページ図8－2）からも、全般的に少年の学力への諦めの気持ちと、養育環境が強く影響していることがはっきりと表れています。

少年の学力に対する諦めの気持ちについて、ある地方施設の教科指導担当教官の言葉が思い出されます。その教官から「少年たちは自ら学力がないと初めから高認資格取得を諦めている者が多く、でも、確かにいるはずの受験希望者をどのように見つけ出せばよいのか現場としては見つけ出す方法に苦悩していて。言ってもらえればこちらも受験対策は考えられるのですが……。何かよい希望者を見つけ出す方法はありませんか」と、相談を受けたことがあります。そのとき、私たちが行っている高認試験対策講座が多くの施設でも行われていればよいのにと、強く思いました。

この両群の受講・選択理由の根底にある要因は、本来、学校教育で養われるべき基礎学力の欠如です。だから、施設で少年たちが「分かる授業（少年に寄り添う授業）」を受講する機会があれば、学力を諦めていた彼らに生きる術《すべ》となる学力を習得させることができ、また基礎学力の回復が、内面からも少年たちの社会復帰の後押しにもなります。

調査対象外施設の首席専門官の言葉にも「昔は非行の主な原因は貧困だったのが、いまは学業の失敗によって居場所を失っていく、このパターンが多いです(5)」というものがあります。

最後に、今回の調査方法について、ひとこと補足説明をしておきます。

社会学などの調査に関わった経験のある方には、ここまでの分析に関し違和感を覚えている方もいると思います。

近年、医療分野だけではなく教育の分野においても、政策決定において「十分なエビデンス

図7-1　介入群:集団授業(高認試験対策講座)の受講選択理由

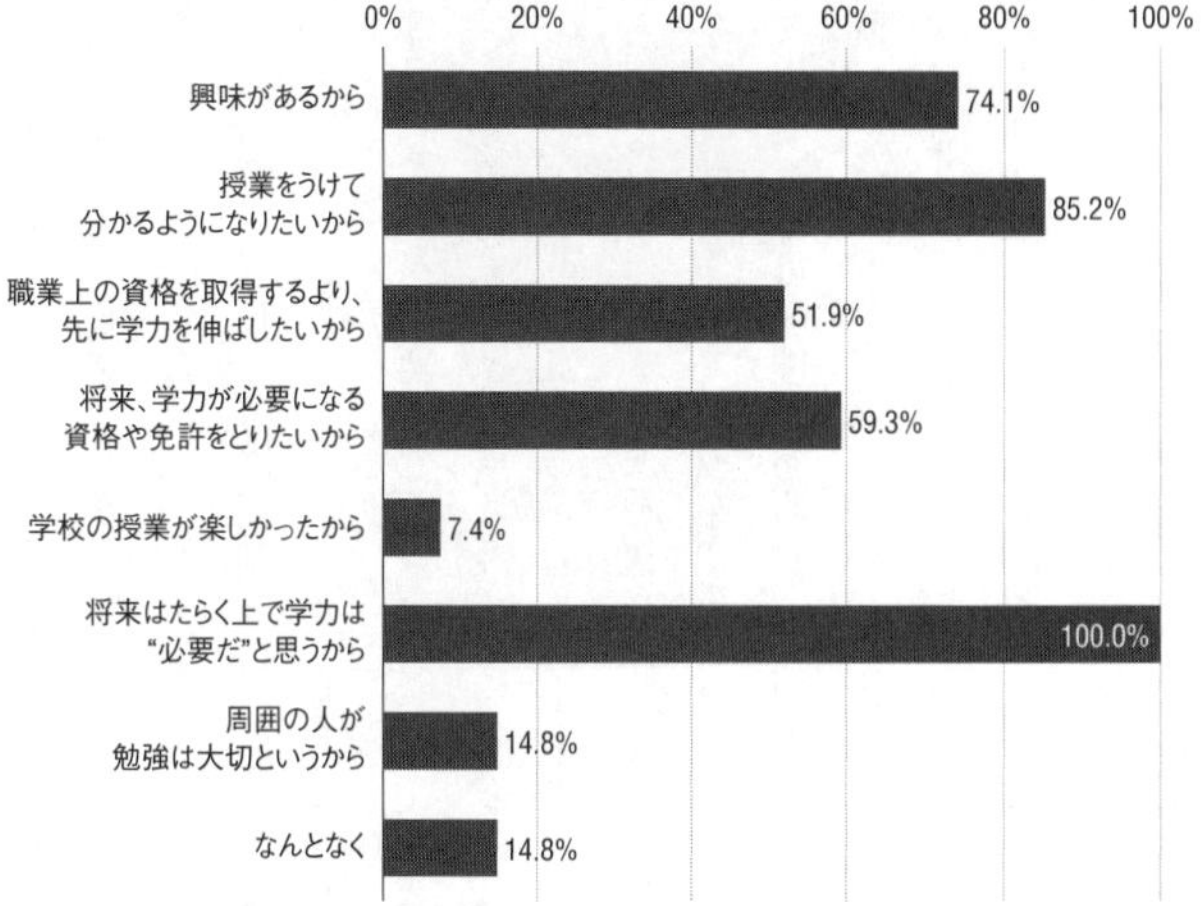

図7-2　【現場の法務教官が感じている「(介入群)高等学校卒業程度認定試験受験者」の特徴】

●目的意識が明確である、また、目的意識を他の領域に応用できる。

●出院後の生活設計が明確になっている。

●「高認試験を受験する」という、
本人にとって「守るべきもの」があるため、生活全般に意欲が増す。

●家族など身近に高校卒業以上の学歴を有する者がいる。
又は、高校を出ていない身近な者の現状を知って危機感をもっている。

●現状から抜け出したいとの強い動機を有している。
(進学がゆるされる環境があるなど)

●出院後の大学又は専門学校を見通して受験する者と
資格取得のために受験する者とに二極化している。

「教官への自由記述質的調査」「(出院時)学習に関する意識調査」より、筆者作成に基づいていること」が要求される傾向にあります。そこで、ランダム化比較試験（ＲＣＴ）が重要になってきます。しかし、教育経済学者中室牧子氏によると、母集団をランダムに二群に振り分けることは教育上の不平等が生じるという倫理的な問題から、日本では教育政策の効果検証において、ＲＣＴは実施されたことがないとあります(6)。

この点については、やはり、先行研究『現代日本の少年院教育』の中でも、広田照幸氏・平井秀幸氏により、つぎのように言及されています。

「厳密な検証に耐えるようなエビデンスを求めるのであれば、他の条件を同一にした『統制群』の設定が不可欠になる。同質的な少年を二つの集団に分け、Ａという処遇を受ける少年の集団と、そうではないまま放置された少年の集団を作る、ということである。『やれるけれど、やらない』群を作って比較をするわけだから、統制群に入れられた少年ではより低い成果が結果的に出てくる可能性がある。一人一人の少年に向き合って最善の結果を追求してきた日本の少年院で、それが許されるのか。少なくとも、ある程度の市民的合意がなければ不可能であろう」（「統制群」にあたるのが、ここでの「対照群」を意味する）

このような点から、今回の調査では選択バイアスがかかることを前提として行っているゆえ、一部エビデンスとしての評価に疑問があるとの指摘を免れないことは承知しています。この点を考慮した上で調査結果を読んで頂ければ幸いです。

図8-1　対照群:自学自習テキストの補習教育選択理由

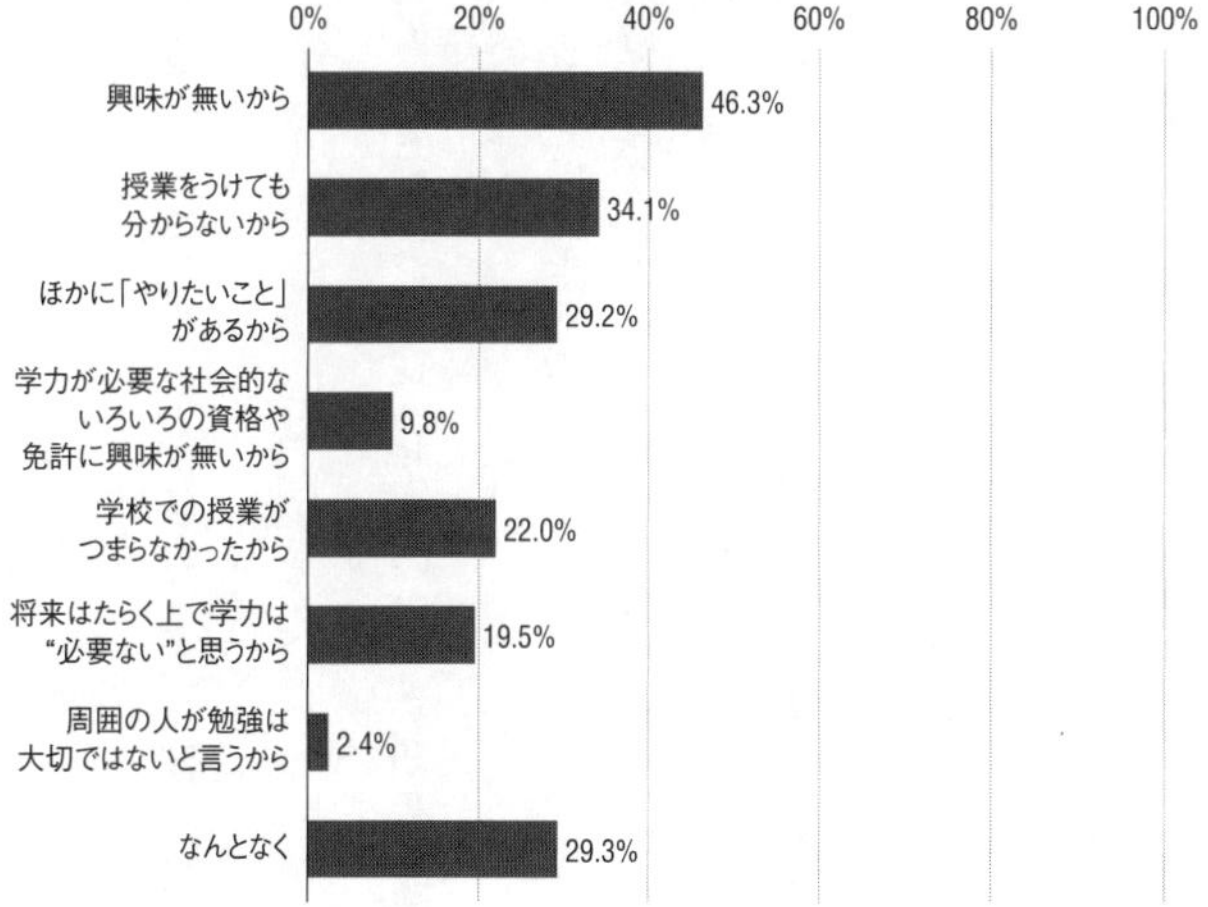

図8-2　【現場の法務教官が感じている「（対照群）補習教育指導受講者」の特徴】

●仕事に直接つながる試験に興味を示す。

●生活意欲が飛躍的に上がる者が少なく、
「守るべきもの」がないためか反則行為に及ぶ者が比較的多い印象。

●学習へのつまずき経験があり、勉強への苦手意識が強い。自信が低く従属的。

●家族も含めて周囲に中卒程度の者がほとんどである。又は、
高校等を卒業しているのに特にメリットを享受できているとは思えない身内（無職者・低賃金労働者など）がいる。

●賢いとされる大人（学校教師など）や権力への反発が強い。

●自分自身には学力が必要ない、又は自分には学力がないと判断している者。

●出院後の生活設計が決定している者。

「教官への自由記述質的調査」「(出院時)学習に関する意識調査」より、筆者作成

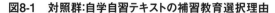

第五章　入院少年が必要とする教科指導とは

戦後、矯正教育の長い歴史の中、外部から関わっている上で、この数年間が矯正教育の過渡期と感じています。

矯正教育では生活指導が第一であるのは当然で、つぎに出院後の生活の糧を担保するため、職業指導ありきでした。が、この数年、出院後の社会でよりよく生きる上での生活の質を高めるため、選択肢を広げる意味でも学力の面を積極的にサポートする方向に進みつつあります。また、第四章の調査・統計で、エビデンスのもと学力の向上が十分に生活指導および職業指導の土台になっていることも、示すことができたと考えています。

そこで、まとめとして、教科指導がなぜ矯正教育において必要であるのかを、生活指導・職業指導との関連（図1）として話をさせてください。

生活指導では在院者に日記・作文を書かせることを通じて、自己の内面を言語化し、自分を客観的にとらえ直す指導が重要視されています。しかし、自己の内面を言語化するためには、

図1　矯正教育の有機的連携における教科指導（補習教育）のあり方（数学的思考の利用）

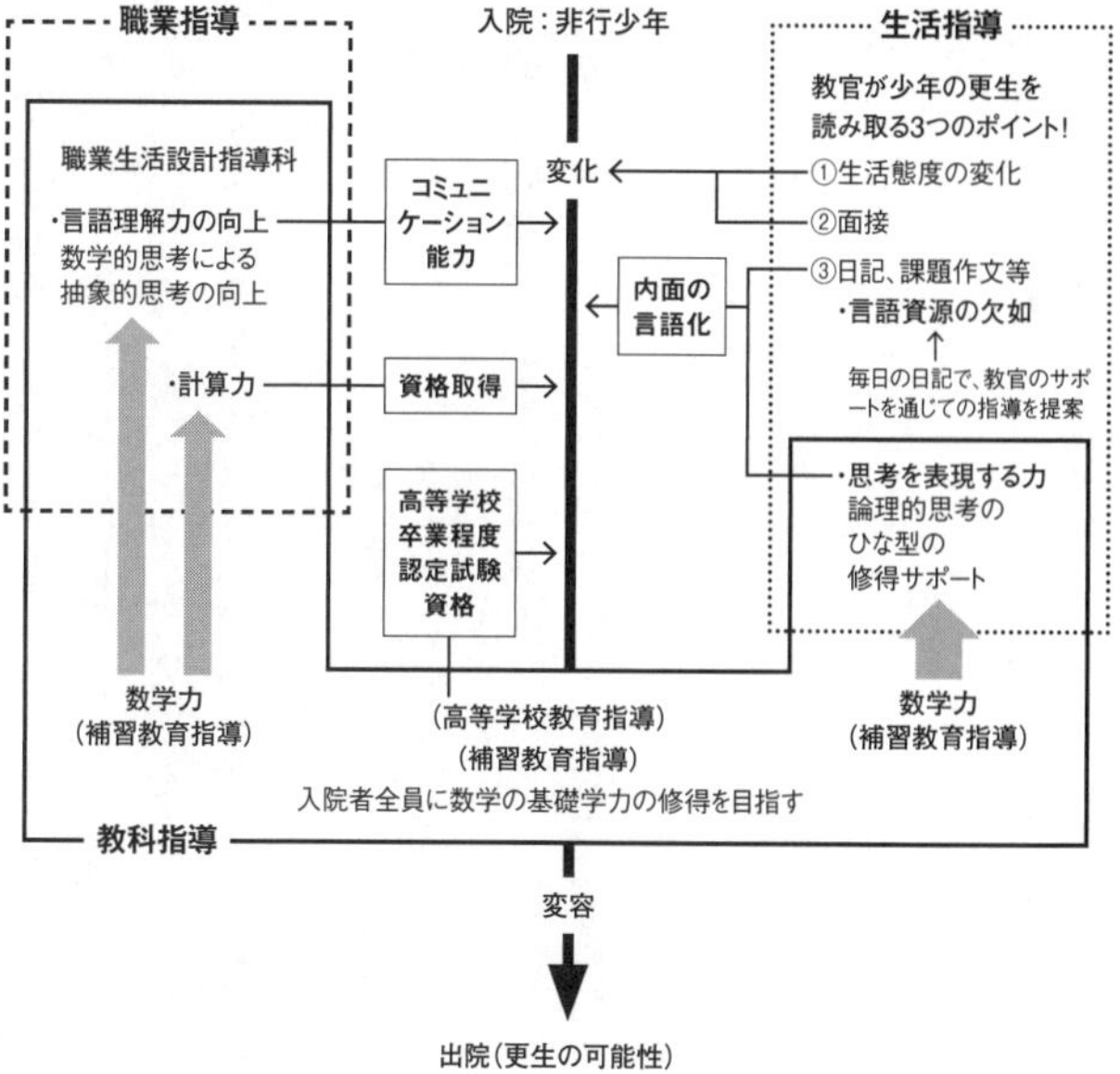

論理的思考能力が前提となります。また、職業指導においては、言語的コミュニケーションの重要性は言うまでもありません。とすれば、内面の言語化に重点を置く生活指導と、言語的コミュニケーションのベースとなる抽象的概念が求められる職業指導をつなぐひとつの役割を、教科指導、特に抽象的思考や論理的思考を育む数学教育が果たせるのではないのか。むしろ、生活指導・職業指導の根底にあって、教科指導（なかんずく、数学教育）が論理的思考を育

て、抽象的概念を理解する能力を育むなど、多くの部分で互いに密な関係を持っています。ある意味、生活指導・職業指導と教科指導が有機的連携を有していることが、法務省矯正局少年矯正課との共同研究の調査から明らかになったと言えます。

そこで、その点を踏まえて教科指導が、生活指導と職業指導にどのように貢献することができるのか、また、その連携はいかなる形であるべきか、集団指導による教科指導の効果の発揮との関連で話をしてみたいと思います。

生活指導と教科指導との有機的連携

生活指導での中心となる日記指導は矯正教育の初期段階の明治から始まり[1]、また少年院では「作文漬け」の状態と形容されるように、これらを課すことを通じて、自己の内面を言語化し、論理的思考の訓練の意味もあるとされています[2]。しかし、自己の内面を言語化するためには、論理的思考能力が重要となります。広田照幸氏は、「少年院に収容されている少年の多くは、自分自身を語る言語資源を十分持ち合わせておらず、『言葉にならない』自己を抱え続けている[3]」と言う。

数学者・新井紀子氏は、昨今、学校教育において子どもの文章力、読解力の欠如が問題視され、そこで、論理的思考、論理力を育むために国語教育の重要性を指摘しています[4]。

論理的に考えるとは、自分が考えていることを相手に伝わるように言葉で表現できること。したがって、自分を表現する手段としての国語教育の重要性は論をまたないでしょう。ただ、少年院の平均在院期間は約十一ヶ月であり、その間に国語教育を通じて論理力を育むには時間的な困難さがあります。

そこで、語彙力をここでは「単語の知識と、それを使いこなす能力（論理的思考）」と定義し、数学教育による数学的思考の視点から考えてみたいと思います。

数学者・数学教育者である瀬山士郎氏の言葉をお借りすると、「日本語教育が論理的な思考すべてを対象とするのに対して、数学は数学内部での論理的な思考だけを対象としている。これはいわば論理的思考のひな型（模型）にしか過ぎないが、ひな型にはひな型の良さがあり、範囲が限定されているからこそ、論点や使われている技術などを明確に摑《つか》みとり理解することができる。またひな型だからよけいに、きちんとした論理性が求められ、その基礎的な核心部分を学ぶことになる。これは論理的思考一般へとつながるだろう。数学で論理的思考を養うことができるというのは、こういうことなのだ[5]」。

数学の特徴として、義務教育で学習する内容および、扱う記号・用語・定理などは、直接の指導（集団授業）により理解することは難しいものではありません。それは、第二章での介入群（集団授業）の授業風景からも十分、理解して頂けるかと思います。

よって、平均十一ヶ月という限られた期間において、論理的思考の視点から、数学教育は生活指導における自分の考え、経験を文章化するための論理的思考の基盤となり、彼らの「内面を言語化」する下支えになると言って過言ではないと考えます。

「内面を言語化」するとは、いわば、自己を客観的にとらえ直すことであり、漠然と感じていた罪への反省感情をきちんととり出せる、自分を確立することにつながります。

職業指導と教科指導との有機的連携

職業指導においては、抽象的思考・抽象的概念の欠如によるコミュニケーション問題が課題として挙げられています。この課題は、調査対象施設からは学力不足が起因であるとの指摘がなされています。

そこで、「抽象的思考・抽象的概念の欠如」に関して、数学教育の視点から考えてみたいと思います。

言葉は時としてふたつの概念で構築されます。ある具体的な言葉があり、その言葉を別の広いイメージで包み込む言葉があれば、その言葉はある具体的な言葉に対して「上位概念」と呼ばれ、最初の具体的な言葉を「下位概念」と呼びます。ただし、上位概念は視点を変えることで多様性を持ち、ひとつとは限りません。

例として、「いちご、りんご、ラズベリー、サクランボ」という言葉に対し、種類の視点から見れば「果物」が上位概念であり、また色彩の視点から見れば「赤」が上位概念となります。この「上位概念」を「下位概念」からイメージするとき重要となるのが、抽象的思考なのです。

抽象的思考とは、「いくつかの対象物の共通点を見つけ、他の言葉で言い表すこと」「(状況に応じて)その本質をとらえること」、または「実体のないものを理解し、イメージすること」と言われています。

先ほどの例から、「赤」という実体のないものを相手に伝えたいとき、赤い具体的なものをイメージし「消防自動車」「郵便ポスト」などを連想します。これは、上位概念から下位概念をイメージ(具体化)する思考過程になります。

このようにある事柄を説明するとき、我々はその事柄の本質をとらえ、それをもとに他の具体的な事柄を引用し、これを繰り返すことで相手に理解を求めます。

この思考過程は、抽象的思考を介し「下位概念(ある事柄)」と「上位概念(本質)」を行き来することに他なりません。よって、言葉の「上位概念(本質)」をとらえることが物事の理解を深める上で重要となり、そのためにも抽象的思考(力)は欠かすことはできないのです。

今、少年院の現場で問題となっているのが、この抽象的思考(力)の欠如なのです。

では、なぜ少年たちにこの抽象的思考が欠けているのかと言えば、現場の教官方が指摘する

図2　抽象化と具体化の相互関係

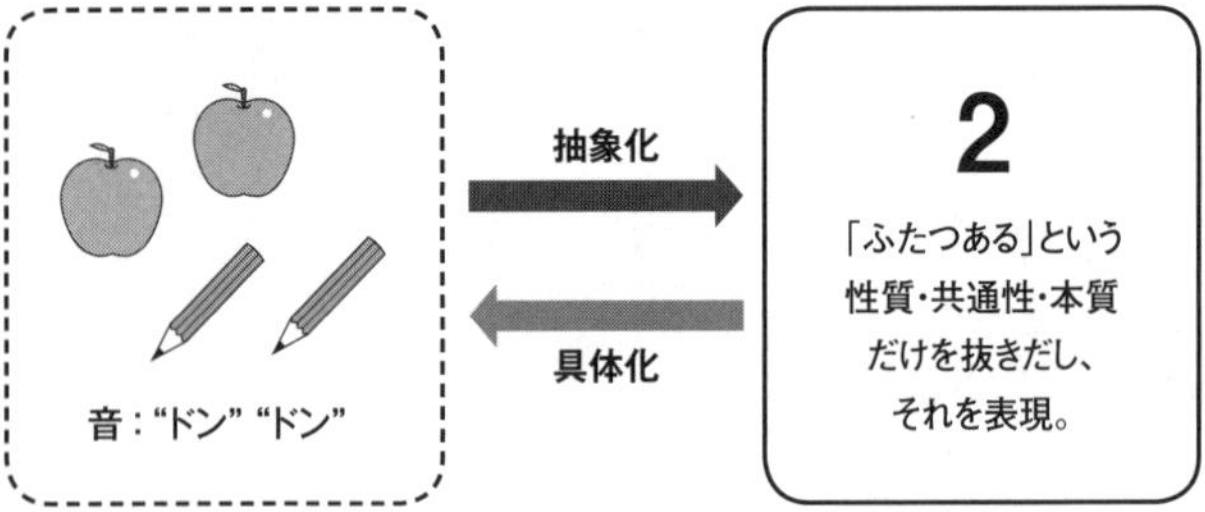
抽象化
具体化
2
「ふたつある」という
性質・共通性・本質
だけを抜きだし、
それを表現。
音：“ドン” “ドン”

宮崎（2009）引用

ように、基礎学力の低さであり、特に数学の素養の乏しさであると考えます。

私見ではありますが、義務教育の九年間、ひたすらこの抽象的思考を要求し続けている教科が数学（算数）なのです。

小学校一年生で学習する、誰もが疑わない「1+1=2」の計算が、なぜ成り立つのか。

「りんごが1個と鉛筆が1本あるからといっても、1+1の計算はできない」。では、どうしてか。これは「単位」が違うものだからなんですね。ゆえに、足し算の本質は「単位が等しいもの同士でしか足し算の計算ができない」となります。実はこれが、数学において我々が最初に経験する抽象的思考なのです。

数学では、〝2〟という数字を用いて「ふたつある対象」を表現する過程が抽象化であり、逆に〝2〟という数から「ふたつあるもの」を具体的にイメージしたり、列挙したりすることは具体化なのです[6]（図2）。よって、数学（算数）において、計算時に単位が省かれている理由は、対象を抽象化してとらえているからなのです。

入院少年に限らず、小学校四年生以降から算数につまずくのも、抽象的思考が要求されることが要因となります。項目としては「小数・分数」からつまずきが始まります。

そこで、小数・分数を理解する上でこれらを「下位概念」としてとらえた場合、「上位概念」のひとつは基本単位1になります。具体的に「0.5、1/2（下位概念）」から、「1という大きさを基準（上位概念）にし、その半分のイメージ」を持つことが重要となります。

これは小学生にとって理解が難しい「比」の概念のプロトタイプというべきものです。このように、分数や小数を理解するためには、その「上位概念である単位量1」を理解する必要があります。

よって、ある意味、「数学的思考は、抽象的思考である」ととらえることもできるのです。

そこで、もう少しだけ具体例を使って、お話しさせてください。

例えば、「りんごが2個、鉛筆が4本、バナナが6本、湯呑《ゆの》みが8客あります」という文章があるとします。この文から数学的思考の流れをイメージしてみましょう。つぎのページに思考の流れを図式化（図3）してみました。

図3の思考の流れから分かるように、数学的思考は抽象的思考を繰り返す中で、具体的な集

図3　数学的思考の流れ

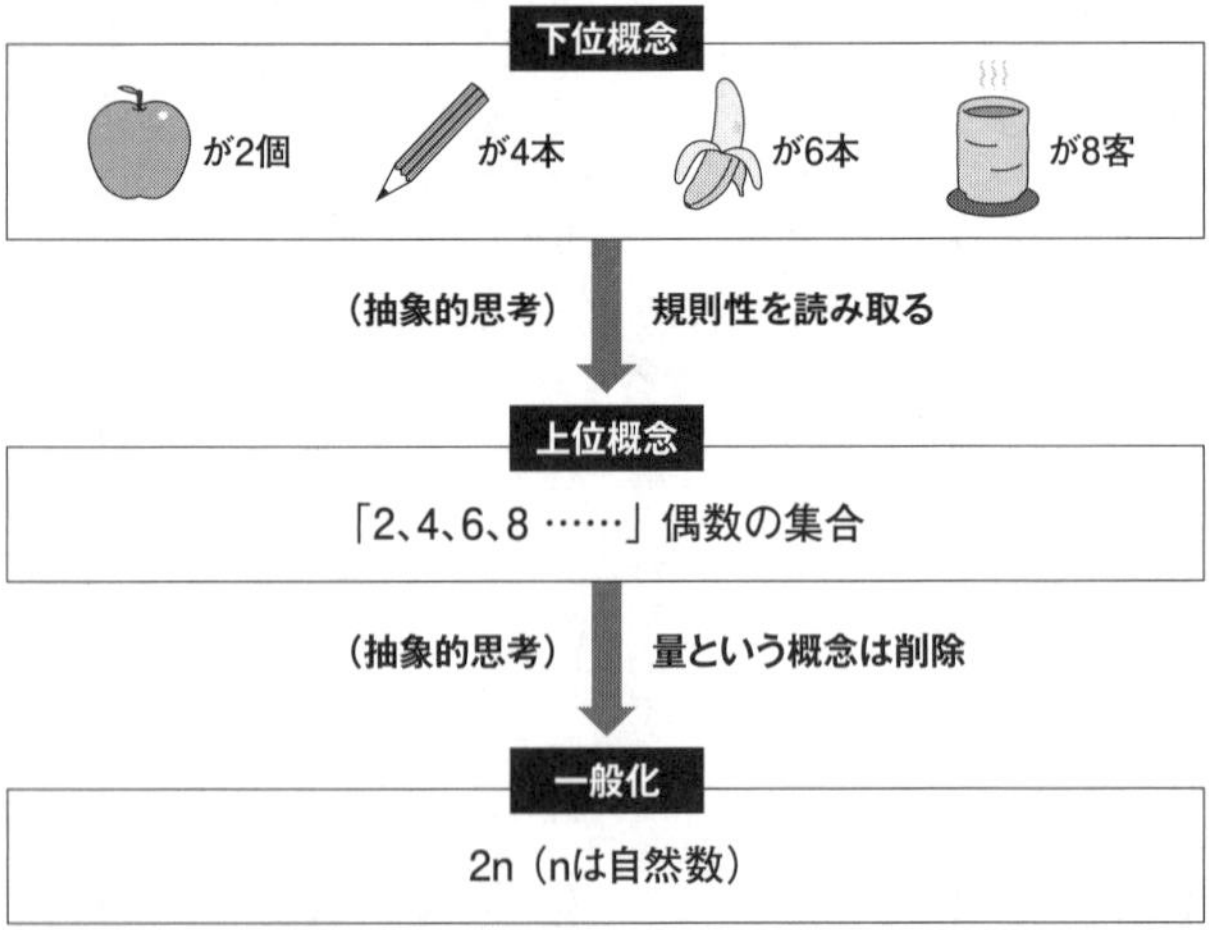

合から、最後は文字という抽象度が高い記号を通して下位概念を一般化し、具体化できることで、最も抽象化された集合に置き換えることができます。だから、中学数学の最初で「りんごが何個ありますか」と問われれば、文字を使い具体的に「りんごがX個あります」と考えることが要求されます。このように未知数である個数を文字（X）を使い一般化された形で具体的に表すことで、「X=3」とおけば、りんごは3個になり、「X=120」とおけば、りんごは120個になる。このような抽象的思考を繰り返し要求される中で、徐々にではあるが我々は実体のないものを理解し、イメージできるようになるわけなのです。

このように可能な限り、邪魔なものはそ

ぎ落とし本質だけを見るという「文字を数字の感覚で扱えるようになること」が中学数学の主題と言っても過言ではなく、我々は数学教育を通して抽象的思考を習得していくのです。そして、抽象的思考習得の過程で具体的なものとものとの関係を表す表現方法として、「文字を使って表す記号化」と「図を使って表す図式化」を意識するようになります。ただし、図式で表すには抽象的思考が必要です。

「図がかけるから分かる」という考え方を、具体的な問題に即して説明してみます。問題を読み、分解し、条件をひとつずつ抽象化し図式化することで、最後に図全体を俯瞰し解法の流れを読み取ることができるようになるわけです。

そこで、大人でも苦手な項目「食塩の濃度問題」を例に考えてみましょう。

問題　「30%の食塩水120gに水を60g加えたら、何%の食塩水になりますか」

問題文から122ページの図4がイメージできますか。

この問題を考える上で、多くの人は食塩水が薄くなるからつい食塩の量が減るようなイメージを抱いてしまいます。だが、水を加えても実際は食塩自体が減るわけではなく、全体に対して食塩の占める部分（割合）が減るだけのこと。よって、この問題の本質は、「食塩の量は不変」である。だから、十円玉を水の入ったコップの中に落として、そこに水を加えても十円玉は変わらないのと同様、食塩水の中の食塩を塊として図式化すれば、水を加えても食塩の量は

図4　問題文の図式化

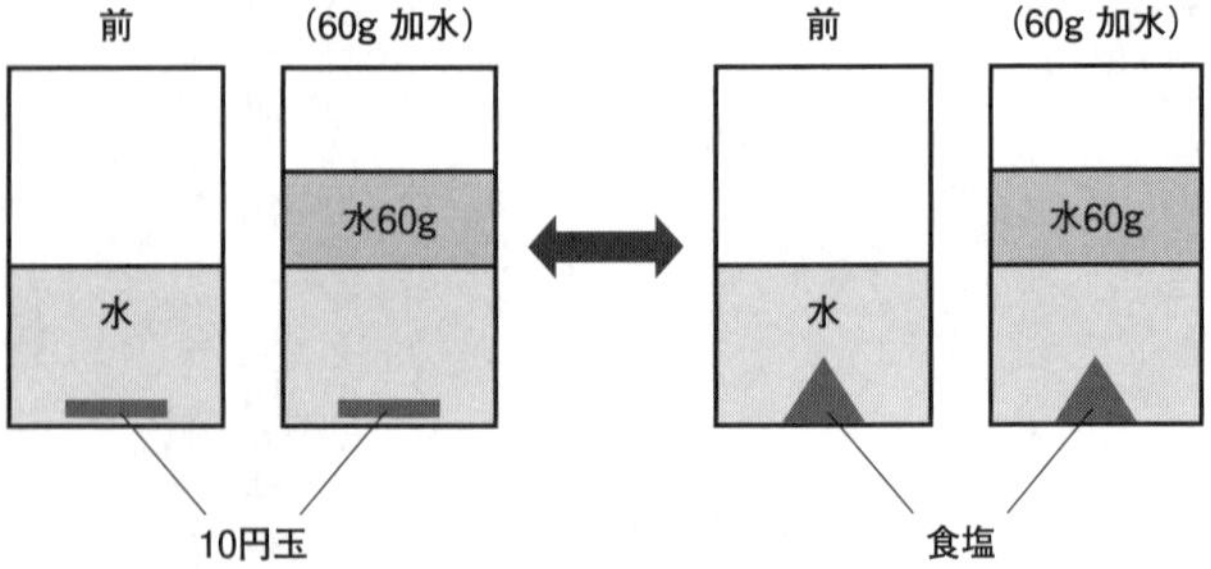

不変で、食塩水に対する食塩の割合が減るだけであることが、視覚的に分かるわけなのです。

図4のように、問題の本質が読み取れれば、食塩でも十円玉でも同じことなのです。よって、抽象的思考ができれば、物事の上位概念が理解できる。すると、上位概念から新たに別の視点での下位概念が見えてくる。これにより日常の会話の中でも、たとえ話によって相手に分かりやすい説明が可能となり、表現力も高まる。さらには自らも相手の言葉がイメージできるようになり、理解が向上する。ひいては自分自身の内面を見直す力の基礎ともなると考えられるわけなのです。

この五年間、私は調査対象施設のひとつで、常にこの上位概念を意識させる授業を行ってきました。そして、各施設への「高認試験対策講座受講者と通常の補習教育受講者に対して、何か気づいたことがあれば教えてください」という自由記述の質問に対し、現場のトップである首席専門官から、つぎのような回答が得られました。

高等学校卒業程度認定試験受験者（介入群）は、「抽象的思考が出来る、または抽象的な話が比較的理解されやすい印象を受ける」とあり、一方、通常の補習教育指導受講者（対照群）は「具体的思考優位の印象がある」。

第四章の図6－1・2（105ページ）で、介入群（集団授業）と対照群（補習授業）との比較の結果からも、授業形式の指導の介入群の方が、抽象的思考が必要となる中学数学以上のレベルにスムーズに到達できることが示唆されました。

よって、数学に限らず、図2のような「抽象化」と「具体化」の往復のトレーニングテキストも多く出版されているので、積極的に抽象的思考の向上をはかる働き掛けをすることで、少年たちの抽象的思考は向上し、社会復帰後の仕事場でのコミュニケーションの不安も徐々に解消すると期待が持てます。

ここまでの内容を基に、現場での少年たちの基礎学力の欠如が生活指導・職業指導時に障害となっている苦悩に対し、この章の最初に示した図1を再度参照して頂くことで、生活指導・職業指導と教科指導が有機的な連携を持つことがはっきりとイメージできるはずです。


では、最後に、現場で常に少年に寄り添う法務教官についてお話しさせて頂き、筆者担当の

第Ⅰ部を終わりにしたいと思います。

「心の扉」は開かれる

ここで今一度、北海道家庭学校（児童自立支援施設）第五代校長・谷昌恒氏の、少年の内面を的確に表現した言葉を読んでください。

「心の扉には取っ手は内側にしか付いていません。外側には取っ手がないのです」

少年の「心の扉」を開くのは難しい。どうしたらこの扉が開けられるのか。

少年院での授業には目付きが怖い少年ばかりではなく、常に無表情な少年もいます。無表情の少年は、表情だけではなく声掛けをしても無反応で、最後は彼の机まで行き「言っていることは分かるかな？」と問うと、やっとほんのわずかにうなずいてくれることで何とか意思の疎通がとれる。こんな状態が高認試験対策講座の期間続きます。授業後、教官が私に気を遣い「彼は母親から虐待を受けていて、大人を信用していなくて……」と、辛い養育環境が影響していることを話してくれました。長年、多くの少年とともに数学を学習していても、彼らの心の中まで入りこむことの難しさをつくづく思い知らされます。

このように少年院には、目付きが怖い粗暴な少年と、それとは正反対の無表情で無口の少年など、さまざまな心の傷を負った少年が入ってきます。それゆえ、彼らに寄り添いつつ、たった平均十一ヶ月の期間で彼らから信頼を勝ち取り、彼らの今までの価値観を変容させることは、並大抵なことではありません。

でも、そんな少年たちの心の機微に触れることができる、唯一の大人が法務教官なのです。法務教官は二十四時間、少年たちと向き合い、寄り添い続ける。励まし、時に叱責をし、常に彼らの声（言葉にできない心の声）に耳を傾けます。

長年、複数の少年院に伺い、多くの法務教官と接してきましたが、時間的にじっくりと彼らの想いを聞く機会はなく。でも、短い時間でも法務教官の振る舞いを見ていれば、彼らの少年たちに対する想いは伝わってきます。そこで、一般の読者の方はなかなか目にすることがない、『新　苦しみと喜びと――矯正職員処遇体験記』という書籍の中の法務教官および、私の中に強く印象に残っている法務教官の姿をお話ししたいと思います。

まずは、書籍から、私が接してきた教官と重なる部分を一部抜粋引用します。

ある少年は、ある時真顔で私にこのように尋ねてきました。少年院の中で給与されている味噌汁《みそしる》の中に油揚げが具として入っていましたが、その油揚げについて、「先生、油揚げって、どこに、どのように生えているんですか？」と油揚げを果物とか野菜の一種と考えていたようでした。また、ある少年に、かけ算の九九を一から教えたところ、その少年は「九九を知らないなんて恥ずかしかったから、聞くこともできないし、それでずっと分からないままだった」と言っていました。

（中略）普通に生きるための知識や常識の不足を精一杯の見栄や虚勢で補おうとしているかのような少年の姿が見え隠れしています。（中略）

そのような少年たちへの関わり方について、ある同僚教官は、温泉卵のように半熟状態の卵の殻を、中身を崩すことなく割るようなものと表現していました。強く叩《たた》きすぎると中身がこぼれてしまう。少しずつ叩き、中身を出していくのです。その卵の殻に当たるのが、少年の中での「見栄や虚勢」ということになるのかもしれません。（中略）

「見栄や虚勢」を張らず素直な態度で職員を含め周囲と関わりを持てるように指導するのが、私たち法務教官の役割の一つでしょうが、それに対してある少年は「先生たちが、私たちに見栄を張るなと指導するのは分かります。でも自分は、見栄を張っていることは分かっています。これまで約二〇年間、見栄を張り続けて生活してきたのです。見栄を張ることがカッコ悪いことも知っています。それでも、見栄を張らない生き方がどういうものかを知らないのです」と言っていました。また、初めて施設で生活した少年は「少年院で先生たちと話していたら、普通に社会で生活できる人がうらやましいなと思います。でも、自分はこれまでこういう生き方しかしてこなかったので、どうすれば普通に生きられるのかが分からないのです」と言っていました。[7]

以前目にした『家庭裁判月報』（中略）に次のようなことが記されていた。[8]（中略）「私のところで、児童養護施設、児童自立支援施設、少年院での生活を経験した子どもたちに、どこが一番良かったかと聞くと、『少年院』と言う。あれほどがんじがらめで自由がないところで生活しているのに、『少年院がいい』と言う。『何で少年院が一番いいの』と聞くと、いつでも話したい時に先生はいつでも耳を傾けてくれる。こんなに自分のことを真剣に聞いてくれる大人に初めて出会ったと言ってくる。」（中略）

先輩によく指導されたものである。特に少年鑑別所での鑑別の面接で、「話を十分に聴き取れていない」「もう一度面接をし直した方がいい」と。当時私自身、少年の話を「聴いた」「聴き取れた」つもりになっていたことが多かった（ように思う）。相手が話してくれたほんの一部分のことに自分勝手に納得してしまっていた。この「納得した」とか、「分かった」気になってしまうことは、実はそのほかのことが耳に入らなくなってしまう、届かなくなってしまうという危険性を伴うことが後々の経験を通して分かった。

まずは目の前にいる人の言葉を、心を傾けて「聴く」という姿勢を絶えず身に付けておきたい(9)。

ほんの二例の引用ですが、法務教官の少年たちへの想いが伝わってきたと思います。また、私が出会ってきた多くの法務教官の姿とも重なります。

あるとき、研修で教官の数が少ないときがあり、何気なく中堅の法務教官に「先生は幹部試験を受けないのですか？」と聞いたことがあります。すると、彼は「自分はできるだけ、現場で少年たちと一緒にいたいんですよ。奴《やつ》らは本当にかわいいんでね」と、笑顔で答えてくれました。実はどの施設でも多くの教官から同様な言葉を聞きます。そのとき、ふと出院式での教官の優しい笑顔と同時に見る、不安そうな表情が目に浮かんできました。思うに、真剣に少年と向き合い、ぶつかり合う中で、少年の変容を感じとれることに充実感を覚えるからなのだと推察します。

また、私の中で強く印象に残っているのが、現場で首席専門官に次ぐナンバー2の（教科担当）統括専門官のことです。

残念なことに施設では院長が代わることで、教科指導に対する熱量に変化が起こります。そんな中、瀬山先生と「私たちもそろそろ身を引こうか」と話をしていたときのこと。四月の新年度教科指導の打ち合わせのとき、我々の雰囲気を察した統括専門官からは「先生方のご都合がつかないのであれば、私たちは諦めます。でも、もし何とかなるのであれば、少年たちのため、ぜひ引き続きお力をお貸し頂けないでしょうか……」と、話をしながら最後は少年のことを想い、ほぼ嗚咽《おえつ》の状態になっていました。

少年院自体、一般の我々には知ることができない中、さらに法務教官となれば、あまり世間一般には知られない存在であり、日の当たらない仕事ですが、彼らの姿を見ていると常に頭が下がる思いです。

ここに興味深いデータ(10)があります。少年院入院時における少年が信用できる人の順は「母親・父親・友人・**法務教官**・職場の上司・職場の同僚・学校の教師」であるが、出院時には「母親・**法務教官**・父親・友人・職場の上司・職場の同僚・学校の教師」と、父親・友人を抜き二番目に変わっています。たった十一ヶ月間で少年の信用を得る苦労は、並大抵なものではないと思います。

では、知人からもよく言われる「少年院っていったい何をしてるの？　ちゃんと教育しているの？」の問いに対し、私が研究の中で知った事柄をその回答とすることで、終わりにしたいと思います。

少年院は少年の非行を契機に、可能な限り寄り添う姿勢で彼らに適した矯正教育を行います。そのために少年院法（第三十四条）に基づき、入院時に「個人別矯正教育計画」を策定します。

これは少年院矯正教育過程をもとに、在院者一人一人の教育的な必要性に応じて、それぞれの教育目標を設定し、それぞれにふさわしい教育内容および方法を選択し、それらを、入院から出院までの処遇の段階ごとに配列することによって、個別化、具体化されていきます。この「個人別矯正教育計画」の策定方法は、「家庭裁判所又は少年鑑別所の長の意見があるときはこれらの意見を踏まえるとともに、（ここからが「留意事項」も含め驚きの内容で）できる限り在院者及びその保護者その他相当と認める者の意向を参酌しつつ、在院者との面接その他の適当な方法による調査の結果に基づき、これを策定するものとする」とあります。

さらに、留意事項として、学ぶ側（在院者）にとっては、なぜこのような目標が設定されたのか、どうしてこのような教育を受けなければならないのかという疑問を持たないよう、専門的な用語をできるだけ排し、在院者の特性に応じて分かりやすい表現・説明に努め、疑問等にも丁寧に答えるなど、その内容について十分に理解させる必要がある、とされています。(11)

これを知ったとき、私はここまで少年一人一人に寄り添った教育が行われているのかと驚きました。

たぶん、私を含め多くの方は、非行少年は少年院に送られたら、学校教育のような型にはまった教育をされ、期日になったら出院すると考えていたと思います。

だが、このようにしっかりと個人別に矯正教育計画が策定されていることから、少年が違反を犯せば入院期間も当然延長になります。大人の刑期のように、期日になれば受刑者は必ず外に出られる刑務所とはまったく違うのです。

個別指導時、少年から「先生、参ったよ！　自分は出院がもう一年ぐらい延びちゃってさぁ〜。ナイショだよ。ここの壁のグーのあと分かる？　これね、先生（担当法務教官）との面接のとき、腹が立って我慢できなくて殴った跡なんだよ。それで三ヶ月延びたんだけどね！　だから、あ〜刑務所の方がよかったと思うわけ。刑務所ならば延長はなく、刑期通りに出られるんだから」と言われました。それを聞いて、私は「馬鹿だなぁ〜、刑務所だと前科がついちゃうんだよ。履歴書を書くとき、入所中の空白期間は騙せても、前科は一生ついて回るから、今の社会ではまだまだ生きて行くのは辛いよ」と言いました。すると、少年は小さな声で「そうなんだぁ〜」と。十八、十九歳とはいえど、まだまだ子どもです。

あと、もうひとりの少年の言葉をお伝えし、筆をおきます。

「先生、自分は前回捕まったとき、何とか保護観察で外に出たいなぁ〜、少年院送りだけはやだよ〜と、鑑別所では素直で大人しくしていたのね。だから、保護観察に決まったときはうれしくてうれしくて、ホッとした。でも、今回、少年院送りになり、強く思ったのが、少年院でこんなにちゃんと勉強ができるのを知っていたら、最初っから少年院に来ていればよかった。そしたら俺は今頃、社会でやりたいことを探せて、ちゃんと真面目に生きていた。本当に悔しいよ！」

第Ⅰ部では、この十年間に私が少年院で行ってきた数学教育を通して、今まで知られていなかった少年の素の姿、少年院の一面、法務教官の苦悩、さらに調査から分かった少年の学力に対する想いなどのすべてを読者の方々に伝えることができました。

入院少年たちが社会で起こしたことは、若いときのヤンチャという安易な言葉では済まされない行為です。最近、世間の意識は、非行少年というよりは犯罪者との視点で彼らを見ていることを強く感じています。しかし、それでも彼らが社会に出た後、我々は一緒に生きていかなければなりません。だからこそ、少年院の存在意義や、少年院では何が行われているのか、さらには少年院内での少年の姿を、この本を通して少しでも理解して頂くことで、少年院および少年たちへの見方が少しでも変わっていけばと願う次第です。

この後の第Ⅱ部では数学者・瀬山士郎先生から、少年院および我々にとっての数学教育の意義の話、そして、第Ⅲ部では長年、複数の少年院院長を務められた村尾博司さんの現場の視点からの話をしていただきます。それらの言葉を通じて、少年院に対しさらに深く理解をして頂けたら幸いです。

註

プロローグ

（1）谷昌恒『教育力の原点——家庭学校と少年たち』岩波書店、一九九六年

第二章

（1）広田照幸・古賀正義・伊藤茂樹編『現代日本の少年院教育　質的調査を通して』名古屋大学出版会、二〇一二年

第四章

（1）高山孝吉他「少年鑑別所在所者及び少年院在院者の学力に係る一考察」『矯正教育研究』第六十巻、日本矯正教育学会、二〇一五年

（2）九州のある少年院から依頼があり、現在、全国の少年院の一割で採用されている。

（3）文部科学省「平成二十九年度児童生徒の問題行動・不登校等生徒指導上の諸課題に関する調査について」より。

（4）高橋一雄『つまずき克服！　数学学習法』筑摩プリマー新書、二〇一一年

（5）大塚敦子『ギヴ・ミー・ア・チャンス　犬と少年の再出発』講談社、二〇一八年
（6）中室牧子「Ｌａｂｏ教育講座　科学的根拠に基づく教育予算」『日本教育新聞』二〇一四年六月十六日

第五章

（1）片山裕久「日記指導」『矯正教育の方法と展開　現場からの実践理論』矯正協会、二〇〇六年
（2）末信眞司「作文指導」『矯正教育の方法と展開　現場からの実践理論』（同上）
（3）広田照幸・古賀正義・伊藤茂樹編『現代日本の少年院教育　質的調査を通して』（同上）
（4）新井紀子『ＡＩ vs. 教科書が読めない子どもたち』東洋経済新報社、二〇一八年
大修館書店　ＷＥＢ国語教室「対談　新井紀子×野矢茂樹　生きるための論理」二〇二二年十二月九日
https://www.taishukan.co.jp/kokugo/media/blog/?act=detail&id=39
（5）瀬山士郎「『数学って面白いですね！』——少年院で数学を教える」日本数学協会編『数学文化』第三十一号、二〇一九年二月
（6）宮崎萌恵「数学における抽象的表現とその理解」大阪教育大学実践学校教育講座『実践学校教育研究』第十二号、二〇〇九年
（7）飯島哲也「特別少年院寮で出会った少年たち」『新　苦しみと喜びと——矯正職員処遇体験記』矯正協会、二〇一三年
（8）遠藤浩「自立援助ホーム—虐待を受けた子どもたちの心の安全基地—」最高裁判所事務総局『家庭裁判月報』第六十巻第四号、二〇〇八年四月

（9）渡邊彰一「『聴く』ことの大切さ、難しさ」『新　苦しみと喜びと――矯正職員処遇体験記』（同上）
（10）田中奈緒子・仲野由佳理・山本宏樹「第三章　質問紙調査からみた少年院」広田照幸・後藤弘子編『少年院教育はどのように行われているか　調査からみえてくるもの』矯正協会、二〇一三年
（11）法務省矯正研修所編『矯正教育学』矯正協会、二〇一八年

参考文献

第四章・第五章

髙橋一雄「矯正教育における教科指導（補習教育指導）の役割」『21世紀社会デザイン研究』第十九号、立教大学大学院21世紀社会デザイン研究科、二〇二〇年

第II部　矯正教育における数学教育の意義

瀬山士郎

第一章　矯正教育との出会い

初めて少年院の門をくぐって

　足かけ四十一年を数学の教員として過ごし、職業柄、下は小学一年生から上は大学院生まで、たくさんの子ども、生徒、学生と数学を通して接してきました。しかし、その間、夜間中学やフリースクールなどの存在は分かっていましたが、少年院という更生施設で少年たちの再出発に向けて、教科教育が行われていることを知りませんでした。教育に携わったものとして、本当にうかつで恥ずべきことでした。少年院という私にとって未知の場所で教科教育が行われているのを知ったのは、退職して一年経った二〇一二年の一月のことでした。生まれて初めて、地元の群馬にある少年院の門をくぐりました。当時その施設の院長だった村尾博司氏から連絡を頂き、施設見学、授業参観を兼ねて訪問したのです。

　型通りの挨拶を済ませ、村尾院長に付き添われて、施設内の案内を受けました。そのとき初めて、見かけはごく普通の郊外の中学校という印象だったこの場所が、やはりかなり特殊な教育施設であることを実感しました。通路の扉は施錠され、鍵を開けて通ると、再び施錠される。渡り廊下を通り、グラウンドを見ながら教育施設棟まで行きましたが、そこもきっちりと施錠されていました。開錠し二階の教室に入ると、十数名の少年が数学の授業を受けていました。担当していた若い教官は熱心に授業し、少年たちも真剣に学んでいました。授業を見る限り、私が今までに教育実習で訪ねた中学校の授業風景と変わりはありませんでした。ただ、窓には格子がはまり、校舎が施錠されていることが違っていたのです。その窓の向こうに真冬の山々が姿を見せている中で、少年たちは授業に取り組んでいました。その後院長室に戻り、今後、私がこの施設の教育にどう関わっていくか、またいけるのかを話し合いました。

話が前後しますが、私が少年院での数学教育に関わるようになったきっかけをお話ししましょう。教育学部の教員として、小中高の教員を志望する学生たちと日常的に接し、彼らを通して、いわゆる学習参考書にも興味、関心がありました。その中に、学習参考書としては異例のベストセラーになった『語りかける中学数学』（高橋一雄著）がありました。この本の売れている原因は何だろうか、と思い参考のため目を通しました。表題通り、語りかける言葉で数学が説明されていました。丁寧な説明で学習参考書としては異例の厚さでした。そこに書かれている指導法のすべてに賛同したわけではないのですが、それでも、多くの点で私の数学教育観と通底していました。特に、間違いを通して学べるものがある、という著者の視点は、いわゆる正答だけを教える参考書とは違って新鮮でした。著者、髙橋一雄氏は以前から少年院での数学教育に関心があり、全国の少年院に無償で自著を送っていたようです。それを目にとめた村尾氏が髙橋氏と連絡をとり、出版社の担当編集者経由で私に少年院での数学教育に参加できるかどうかという打診があったのでした。このような経緯で地元の少年院に村尾氏を訪問したのです。

院長室に戻り、施設の概要は分かったと村尾氏に伝え、少年たちの授業風景への感想を話し、できれば自分もこの施設での数学教育に参加してみたいとお伝えしました。しかし、少年院での授業はまったく初めてなので、果たして自分が矯正教育の中で数学を教えられるかどうか、大きな不安もありました。そこで、次回は提案者の髙橋氏も交えて、今後どのような方針で少年院での数学教育を考えていくのかを討議することとしました。

少年院での数学教育と村尾院長、髙橋一雄氏との討議

以上の経過を経て、二〇一二年二月に、同じ少年院の院長室で、村尾院長、髙橋一雄氏とお目にかかりました。その中で、私自身も矯正教育としての数学教育に関わってみたい、とおふたりに伝え、そのために、今後の少年院での数学教育の実践をどう組み立てていくのかを討議

しました。

普通の中学校では四月になると新入生は一斉入学し、また、在校生は一斉に進学、卒業します。そこでは週に四回か三回（学年によって違う）の数学の授業が行われています。年間では一年生が百四十時間、二年生が百五時間、三年生が百四十時間です。五十分の授業としておよそ週に三時間程度ということになります。生徒たちが一斉に同じスタートラインに立ち、同じ授業を受けることは学校授業の大切な要素のひとつです。

しかし、少年院の少年たちは四月に一斉に施設にやってくるわけではありません。それぞれの少年たちが抱えた事情により、やってくる時期は違ってきます（少年院関係者の間ではこれを「さみだれ入院」と呼んでいるらしい）。また、同じ中学生でも、その身につけている学力はまったくバラバラです。この状況の下では、普通の中学校のような一斉授業の実施はとても難しい。また、教科指導は矯正教育の大切な柱のひとつ（他は生活指導、職業指導、体育指導、特別活動指導）ではありますが、少年院での生活時間をすべて教科指導に費やすことはもちろんできません。どうしても普通の中学校に比べて時間の制約があります。また、少年たちは三年間少年院にいるわけではなく、ほとんどの少年は一年ほどで出院していきます。その限られた時間の中で中学校の数学として何をどのように指導するのか、これが討議の中心課題でした。

中学校三年間のカリキュラムを網羅的にカバーするのは無理だし、アリバイ作りのようにすべての分野の数学を駆け足で形式的に教えることには意味がない、これは三人の一致した意見です。

髙橋さんのこれまでの教育実践で得られた知見、また、矯正教育の専門家としての経験を踏まえた村尾さんの意見、さらには現場で教えている複数の法務教官の、実際に少年たちと向き合ってきた感覚、これらを考慮した結果、私たちがとったのは「重点教材だけを集中的に授業する」という方法です。

では、中学校の重点教材として何を選んだらいいのか。いろいろな意見があると思いますが、討議の結果、私たちは「一次方程式が解けること」を選びました。なぜ一次方程式なのか、それは次節で詳しく説明します。

もうひとつの教育現場

現場で数学を教えている法務教官の方々は、必ずしも数学教育の専門家ではありません。多くの場合、他教科の教員免許状などを持っている方が、中学校のいろいろな教科を教えています。これはどうしても避けられないことで、幸運な場合には数学教員の免許状を持つ法務教官が数学の授業に当たります。このことを考慮した上で、私たちは少年院での数学の指導体制を考えていきました。

多くの場合、少年たちの数学の基礎学力は分数計算で止まっている。分数は以前は小学四年生で導入され、五、六年生でその計算を学びました（現在は二年生で導入）。しかし、少年たちの分数の理解は、計算力も含めて心もとないものがありました。ただし、このことは彼らの学習能力が劣っていることを意味しません。いわゆる学校学力は低いかもしれないが、学ぶ意欲は十分にあり、また、学ぶ能力もあります。これはとても大切なことです。

授業は原則として法務教官が担当し、毎回、髙橋、瀬山が授業参観する。必要な補足説明は授業の中でその都度行い、個別の少年の指導もする。授業が終わった後で、必ず授業検討会を開き、その日の授業のよかった点、直すべき点、受講した少年たちの様子や理解度などを授業を担当した法務教官を交えて討議する。担当の法務教官は毎回同じ人というわけではありません。前の人が教えた後を引き継いで授業するという、担当教官にとっては難しい仕事でした。

教科教育担当の法務教官にしてみれば、いわば長期の教育実習を受けているようなもので、理系の法務教官が一次方程式について十分に理解していたとしても、実際に一次方程式を教えることは相当の負担になったでしょう。知識があることと教える力があることは違います。しかし、その負担に見合うような教授能力の向上は確実にあったと思います。

中学数学の分野は、小学校算数からの離陸の準備としての、正負の数、文字の使用から始まります。これらはこれから先の数学を学ぶための必須の基礎知識です。さらに変量の関係を学ぶ関数概念の習得、これは比例、反比例から始まり、一次関数、二次関数へと進みます。二次関数の本格的な学びは高等学校からですが、中学での二次関数（二乗比例関数）もその基礎として重要です。方程式については、一次方程式から始まり、平方根の計算を含む二次方程式の扱いがあります。これらが、代数・解析分野での中学数学ですが、他の大きな柱としては図形教育と確率・統計の初歩があります。図形については、小学校での図形教育の基礎の上に立ち、いわゆる平面幾何学（論証幾何学）の第一歩を踏み出すのが中学数学です。

こうしてみると、中学数学は数学のみならず、他のさまざまな分野、自然科学に限らず、社会科学までを視野に入れての、これからの学びの基礎を形作るとても大切な分野であることがよく分かります。学校で学んだ数学が役に立たない、という議論を時々耳にすることがありますが、直接日常生活の役に立たないように見える数学は、本当は私たちの市民生活を根底から支えているのです。これについては第二章でもう少し詳しく説明します。

このように、今後の学びについて重要な役目を担っている中学数学ですが、このすべてを少年院に在籍している一年ほどの期間で網羅的に教えることはまったく不可能です。どの分野を扱い、どの分野は割愛するか。私たちは、涙を呑んで図形分野には触れないことにしました。平面幾何学がある種のパズル的な要素を持ち、幾何の証明はとても面白いものなのだ、というのは髙橋さんと私の一致した意見なのですが、論理の面白さや重要性は文字式の計算技術を学ぶことでカバーできる、と考えました。また、二次方程式、二次関数は中学数学の最後を締めくくるにふさわしく、中学生にはちょうど手ごろな、適度な難しさと記号操作の訓練という側面を持っています。しかしこれも残念ながら、時間の制約の中で見送らざるを得ませんでした。こうして私たちは、少年院での数学教材を一次方程式の理解とその解法の習熟に置くことにしたのです。これに必要な、「分数の計算」「正負の数の計算」「文字式の運用」などは一次方程式の学習の中に組み込み、そこだけをとり出して教えることはしない。

一次方程式には、中学生が学ぶべき数学のエッセンスがあります。短期間で、中学数学の核心部分である、抽象性、論理性、そして記号を操る技能を学んでもらう。少年院はいわゆる学校教育現場ではない、しかし、ここもれっきとした教育現場、学びの場である。だから普通の中学校と肩を並べる授業をしたい、という私たちの思いを込めました。一次方程式の学習は、少年たちが小学校算数から離陸するための十分な滑走路となるはずです。さらに、少年たちがこのカリキュラムをきちんとこなせれば、彼らの持つ数学へのいわれのない偏見や恐れがなくなり、数学を必要に応じて自己学習できるはずだという期待もありました。少年たちの出発時の学力が、分数の理解やその計算も危なっかしかったことを考えると、このカリキュラム設定には大きな意味があったと思います。

なぜ直接分数計算を教えることから始めなかったのか。いくつかの理由がありますが、ひとつは、小学校の算数に戻ってやり直す、という方式が少年たちの感情にいい影響は与えないだろうと考えたからです。「君たちは分数が分かっていない。だから、小学校の分数から勉強をやり直す」という言い方は、彼らのプライドを傷つけるだけではないか。学校教育から疎外され続けてきた少年たちの心を考えると、分数指導には別の方法があると思います。その方法のひとつが、正負の数の計算を学ぶ中に、分数計算の指導を組み込むことです。ここで分数の意味を教えることで、分数計算の練習ができると考えました。私たちはすでに中学生の精神年齢に達している少年たちを相手に数学を教えるのだ、決して小学校算数の復習をするのではないし、学ぶ側にも数学を学んでいるという実感を持ってもらいたい、これが私たちの思いでした。方程式の教材はその意味でも最適だったのでした。のちに、村尾さんから、本書のタイトルにもなった言葉「僕に方程式を教えてください」を少年から聞いたというエピソードも伝えて頂きました。

面白いお話をひとつ紹介します。漫画『おもひでぽろぽろ』（作・岡本螢、画・刀根夕子、青林堂）の中で、姉のヤエ子さんが妹の小学生タエ子ちゃんに分数のわり算を教える場面です。最初にヤエ子さんはタエ子ちゃんに「九九を初めから言ってみなさい」と言います。しかめ面で答えるタエ子ちゃん、「九九なんて言えるわよー　もう4年生だよー」。おそらく、タエ子ちゃんは小学四年生のプライドを傷つけられたに違いありません。それは分数の理解にもいい影響は与えないでしょう。少年たちにとっても同じことではないでしょうか。この漫画はあとでもう一度引用させてもらいます。

こうして、私たちは小学校算数から始めるのではなく、普通の中学校と同じように正負の数、文字の使用から始まる一次方程式指導のカリキュラムを作ったのです。第二章で数学とはどんな学問なのかを述べたいと思いますが、そこで紹介する「抽象性、論理性、記号化」を学ぶことはこのカリキュラムの中心課題です。実際、この指導の中で「分数ってそういうことだったんですね。通分する意味が分かりました」と話してくれた少年の言葉が忘れられません。

つぎに私たちが数学を担当した二度目の少年院では、別の難しさがありました。ここは最初の少年院と違って、収容されている少年たちの年齢が高く、すでに高校卒業の年齢に達している十八、十九歳の少年たちも大勢受講していました。この施設は全国で初めて、高等学校卒業程度認定試験（旧大学入学資格検定試験。以下、高認試験）を受けることができる指定施設になりました。高認試験は高校の数学Ⅰの範囲で出題され、資格試験なので、満点をとる必要はありません。合格点をとればよいのです。

高認試験合格のための数学という考えは、私たちの基本理念からは離れています。しかし、高橋さんとの討議の結果、ともかくも結果を出すための数学を教えることに徹しよう、しかし、数学の本質（抽象性、論理性、記号化）はきちんと押さえて教える、計算の意味を理解してもらい、問題を解くだけの数学にはしない、解法の暗記にはしない、という合意をしました。高認試験のために私たちがとった方法は、前の少年院と同様で、一点突破でした。ここでは二次方程式が解けるようになること、二次関数の基本を理解すること、時間に余裕があるなら、三角比を扱うことにしました。数Ⅰの他の分野の授業は残念ながら割愛する。式の計算や平方根の計算などは二次方程式の指導の中に組み込む。ただし、公式や解答の暗記はしない。数学の本質を伝える授業を通して、結果的に高認試験に合格できるだけの数学学力を養おう。こうして授業が始まりました。ここでは前の施設と違って、授業は髙橋さんが主として担当し、私は適宜助言と個別指導に回る。法務教官には毎回授業を参観して頂く、という方式をとりました。また、時間がとれるときは、一対一の個別指導も行いました。院長も教科指導に理解のある方でした。公務の間をぬって頻繁に授業参観して頂き、受講していた少年たちにも励みになったと思います。感謝に堪えません。

この施設でも出発当時の少年たちの学力は高いとはいえませんでした。前の施設同様、分数の指導なども、方程式の指導の合間に組み込んで教えました。しかし、少年たちの学習意欲には目を見張らせるものがありました。もちろん、高認試験に合格するため、という大きな目標があることが彼らの学習意欲を掻《か》き立てたのでしょうが、授業の合間に見せた、少年たちの数学知識への好奇心は大変に貴重なものでした。分数とはなんなのか、マイナス×マイナスがプラスになるのはなぜか、そもそもマイナスの数とは何かなど、少年たちの疑問は尽きませんでした。また、授業の合間に話した数学史の話題や未解決問題なども効果があったのではないか、と思います。機会さえあれば、少年たちは学ぶ意欲を見せる。個別に接した少年たちは、多くの場合中学校での授業を満足に受けていなかったようです。さまざまな理由があっただろうし、そのうちのいくつかは彼ら自身にも問題があったのでしょう。しかし、その点を考えた上でも、このような少年たちを置き去りにしてしまった学校教育とは、いったい何なのかを考えざるを得ませんでした。少年院はこのような少年たちを再教育し更生を手助けする貴重な教育の場になっていました。

二次方程式、二次関数にしぼった指導は思った以上に効果をあげました。おそらく、やみくもに二次方程式の解の公式を暗記させる指導ではうまくいかなかったのではないかと思われます。ポイントは平方根の指導にあるようです。二次式の平方完成（二次式を「$(ax+p)^2=q$」の形に変形する方法）の技術は中学三年生で学びますが、高校一年程度の数学の中でも難しい計算です。ここでの指導はコラム4で紹介させて頂きます。また、三角比については、これを比ではなく斜辺や底辺が1の三角形の辺の長さとして扱いました。こうすることで、「$\sin\theta$」「$\cos\theta$」「$\tan\theta$」を実際の長さで理解でき、あとは相似の話でまとめる。本来はこれらは長さの比ですから単位のつかない数（無名数）になるはずですが、ここでは長さとしての単位を持つ量になります。しかし、この理解と相似の活用で、少年たちは高認試験の三角比の問題が解けるようになりました。前の少年院でも、円周率について同様の指導を行いました。円周率は本来は円周と直径の長さの比の値ですが、比の概念の理解は少年院の少年とは限らず、どの子どもたちにとっても難しく、それに至る一歩手前で、円周率πとは直径が1の円周の長さであるとしました。これと、すべての円は相似であることを組み合わせることで、円周の長さの公式を作りました。

最後にひとつだけ、忘れることのできないエピソードをお話しさせてください。私たちの授業を受け、無事高認試験に合格して出院していったある少年が、最後の授業で言った言葉です。

「出院できるのはとてもうれしいけれど、先生方の授業が受けられなくなるのは残念です」

これまでの苦労が吹き飛ぶようなうれしい言葉でした。数学教育が矯正教育の一環として役立っているのだ、と実感した瞬間でもありました。

次章では矯正教育から少し離れて、数学とはどういう学問なのかを考えてみたいと思います。

第二章　数学を学ぶということ

抽象的に考える

この章ではしばらく、数学とはどんな学問なのか、私たちが数学を高校までも含めればほぼ十年間以上も学ぶ意味はどこにあるのかを考えていきます。主に、矯正教育における数学教育をテーマとしてまとめてありますが、数学教育の内容は、普通の数学教育論として読んで頂けると幸いです。

数学とはわけの分からない、何の役にも立たない学問だと思っている（むしろ思わされている）人はそれなりにいるようです。以前、二次方程式の解の公式など六十まで生きたが使ったことは一度もなく、それで何の不自由もなかった、という意味の発言をした作家がいて、そのせいかどうかは分かりませんが、二次方程式の解の公式が中学数学から姿を消したことがありました。教科書執筆者は、解の公式をどのように教科書の中に残しておくか、苦労したようです。もっとも、このあまりに皮相な教育観はすぐに撤回されましたが。

私たちが中学校で二次方程式の解の公式を学ぶのは、それが、小学校で学ぶ四則演算のように日常生活ですぐに役立つからではありません。そんなことを言えば、理科だろうが歴史だろうが、それぞれの学びが普段の生活で直接役立つことはないでしょう。しかし、直接の役に立たないからと言って、理科や社会、歴史の学びをやめてしまうことはありません。それはそれらの学びが、私たちの文化を支え、生活を豊かにしてくれると分かっているからです。小学校の理科で、道端に咲く花の名前や、小鳥の名前を学ぶことは、道を歩く楽しさを味わわせてくれるでしょう。また、過去の歴史を振り返り反省して、それをきちんと記憶し、つなげていくことは、生活に役立つというより、そのような文化的な価値を継承して、平和な世界を求める次世代を育てていくという意味合いが強いでしょう。だから、多くの人はその学びが日常生活に役立たないからといって必要でないとは考えない。しかし、どういうわけか、数学が「日常生活に役立たない学びは不要だ」という考え方の矢面に立たされることが多い。それにはつぎにお話しするような数学の性質が影響しているのではないでしょうか。

私たちが小学校で数学を学ぶ（算数とは数学の幼名です。小学生が学んでいる算数は数学そのものです）と、すぐに1、2、3、……という自然数の足し算、ひき算が出てきます。初めてのお使いで1000円を持って750円のものを買う。お釣りは250円です。ひき算ができて、お釣りがいくらか分かった！　というのは、子どもたちが最初に出会う、数学が役に立った実感です。あるいは何個かのお菓子を皆で分ける。ひとり分は何個だろうとか、ジュースを3つのコップに平等に分けるわり算も小学生の経験の中にあります。半分のことを1/2ということも分数の実感に役立つかもしれません。また、順番を数えたり、形に親しんだりすることは、子どもたちの日常生活に直結しています。野球の打率を表す小数もある。つまり、学んだ数学は日常生活に役立っています。

しかし、小学校で学ぶ分数にしても、私たちが日常で使う分数は1/2や1/3、1/4などがせいぜいで、おそらく普通の人は3/7などという分数を日常生活で使うことはないでしょう。一番多く使うのは、塩小さじ1/2などの料理の知識かもしれません。丸いケーキを7人のお友達で分ける。1/7ずつに切り分ける？　これはとても難しいですね。そうではなく、簡単にできる2等分を繰り返して8等分し、7人で分け、残った一切れはお母さんにあげる。あるいはじゃんけんで勝った人がもう一切れ食べることができる。これが日常生活の知恵です。こうして、算数の学びは子どもたちの日頃の経験から少しずつ離れていきます。

では分数など生活で使わないのだから学ぶ必要がないのか。

そうではありません。それは、分数の理解が抽象的にものを考えるはじめの一歩だからです。数の理解は具体的なものの個数を表す自然数から始まります。しかし、分数という数は具体的な個数を表しません。それはふたつの量の関係を表したり、あるいは、1より小さい単位でものを数えるための数です。すなわち、分数自体がかなり抽象的な概念なのです。分数だけではありません。振り返って考えてみれば、数そのものが抽象的な概念です。私たちの目の前にあるのは、3人の人であり、3個のりんごのような具体物です。数はものの個数を表すために考え出された抽象的な概念そのものです。誰も数を見た人はいない。私は以前、数についての数学書を書いたとき、その最後をこんな戯《ざ》れ歌《うた》で締めくくりました。紹介します。

誰が数を見たでしょう
あなたも私も見はしない
それでも世界を揺るがせて
数は通り過ぎていく

元はクリスティーナ・ロセッティの有名な詩「風」です。

このように、数学はその性格上、小学校中頃から急速に抽象度を高めていきます。つまり、小学生たちははっきりとは気づいていないと思いますが、数学の抽象化は、子どもたちが学ぶ分数あたりから始まっているのです。分数だけではありません。小学校で学ぶ比もよく考えると、ふたつの量や数の間の関係を表す、かなり抽象度の高い概念です。しかし、それと分からずとも、子どもたちの学びが抽象化の階段を上っていくことは、実はとても大切なことです。ここに分数を学ぶ意味、数学を学ぶひとつの意味があります。この世界を知る上で、抽象化はどうしても必要な考え方です。普段の生活では知識としての分数の計算は使わないかもしれません。しかし、抽象的に考えることは、これからの生活や学びを支える上では欠かすことができない。子どもたちが数学を学ぶ大切な理由のひとつがここにあります。

この世界のさまざまな物事は、あまり本質的でない部分をたくさん抱え込んでいて、必要なことが分かりにくくなっている場合も多いのではないでしょうか。このとき、本質的でない部分は考えず、抽象的に考えた方が分かりやすいことがあります。例えば、道を移動するとき、その速さだけを問題とするならば、その道が舗装道路か山道か、移動手段は歩きか自転車か、あるいは走っているのか、などは問題ではなく、距離と時間だけが問題になります。あるいは、首都圏の鉄道網を考えるとき、どの駅とどの駅が何という路線でつながっているのかだけが問題となり、実際の線路の形やかかる時間は問題にしないこともあります。JRの路線図はこの抽象化にしたがって、東京の山手線などは単純な円で表現します。物事を抽象化して考えるとき、数学はそのうってつけの例を与えてくれます。前に挙げた分数概念はこの抽象化の第一歩といえるものです。1個、2個という数から量と量との関係を示す割合の考えを含んだ数への発展です。そもそも、1個、2個などという個数を数1、2で表すこと自体が抽象化ですね。このように抽象化はそれと気づかないうちに、私たちの生活の中でとても大切な役割を果たしているのです。

抽象的に物事をとらえて考える能力を養うことは、人の文化を考える上でも、とても大切なことです。どの教科も人が作り上げてきた文化を、さまざまな側面からとり上げて扱います。しかし、数学では抽象化という視点がはっきりしているのです。お話しした通り、数ひとつをとってみても、私たちの前に現実にあるのは2個のりんごであり、3人の人です。それは数2でも数3でもありません。数それ自身をものとして見ることはできない。数という考えそのものが、ものの個性を捨象し、単純な要素に還元して量や大きさを考える抽象的な概念そのものだからです。

その数を具体的な記号で表したものが数字に他なりません。もちろん、小学生がそこまでを理解することはないし、そのことをはっきりと教える必要もないのでしょうが、小学校六年間の学びを通して、子どもたちは知らず知らずのうちに分数、小数を含んだ、数という抽象概念とそれを表す記号、そして運用方法（計算）を身につけていく。具体物と切り離された、抽象的な概念そのものとしての数に接していく。数だけではありません。図形にしても、形の名前を覚えるだけでなく、対称性や相似などの抽象的な概念を学んでいく。ここに数学の学びのひとつのポイントがあります。中学生が学ぶ方程式という言葉も、いわゆる日常語ではありませんが、「〇〇の方程式」と比喩的に使うこともよくあります。比喩に使われるのも、方程式が具体的なものというより、抽象的な概念そのものを表すからでしょう。そもそも、方程式とは分からない数（未知数）を求めるために作られる等式です。つまり、方程式は未知数を含む状況や状態を、言葉ではなく数式という抽象的な道具で表したものに他なりません。方程式を使って考えること自体が、抽象化の階段を一段上ることになるのです。

論理的に考える

数学の学びのもうひとつの特徴はその論理性にあります。人は自由に扱える言語、この国の人なら多くは日本語、を使って考えます。しかし、デタラメに考えているわけではない。そもそも、逆説的に言えば、デタラメに考えることはかえって難しい！　私たちが考えるときは一定の規則に従い、言葉の持つ論理性を操って物事を考えているはずです。一番単純な例で言えば、いわゆる三段論法があります。AならばBである、BならばCである、したがってAならばCであるという規則です。これはいってみれば、あまりに明らかな、いわば当たり前の（と私はひそかに考えています）論理です。しかし、当たり前であることと、大切でないことは違います。三段論法は人がものを考えるための最も基本的な論理の規則のひとつとしてとても重要です。多くの場合、でき上がった数学を学ぶためには、この三段論法の積み重ねが必要になります。あるいは「釣り合っている天秤《てんびん》の両方に同じ重さを足しても釣り合いは崩れない」というのも論理の一種だと思います。数学では、これを記号を使い、「a=b」ならば、「a+c=b+c」であると表します。日本語で表現された原理を数学の言葉で表すのは、とても大切な数学の学びのひとつです。

普通、私たちは学校数学の中で論理学という分野だけをとり出して学ぶことはありません。論理学は数学や哲学にまたがる大切な学問分野ですが、中学生、高校生がいわゆる論理学だけをとり出して学ぶわけではないのです。しかし、考えてみれば、数学と限らず、どのような学問分野でもきちんとした正しい論理に従って学びは展開されているはずです。数学の場合、そのような論理性の骨格が数学記号を通して目に見える形で表れてきます。つまり、数学の学びを通して、論理を学ぶことができます。

具体的な例を挙げましょう。中学校での数式の学びには大きく二種類あります。ひとつは数学の規則に従って式を変形していくこと、平たく言えば、文字式の計算です。文字を数と同じように扱い計算していく技術は、中学生が学ぶ最も大切な数学のひとつです。もうひとつは方程式を含む等式の理解です。式の計算と等式の変形、これはどちらも数式の計算ですが、等式の変形のためには、計算の仕方だけではなく、なぜその操作が許されるのかの論理を理解しておく必要があります。ここがあやふやだと、計算式の変形の中で分母を払ってしまうなどの計算ミスが起きます。方程式なら両辺に同じ数をかけて分母を払うことができるが、計算式では分母を払うことはできません。方程式は等式だから釣り合いを保つ操作が許されるが、計算式は式計算の操作で両辺がないからです。この違いが理解できれば、方程式の中で論理を学ぶことができます。方程式というのは抽象的な天秤です。天秤の釣り合いを論理的に考えることが方程式の解法に他なりません。つまり、一次方程式を学ぶことは、同時に論理も学ぶことになるのです。

間違いを間違いだと本人が理解できること、これは数学の大切な性格のひとつでしょう。例えば、私たちの計算規則では、「1/2+1/3=2/5」という計算は間違っています。そして、これは分数とは何か、足すとはこの場合はどういうことなのか、をきちんと理解していれば、この計算の誤りを指摘できるし、また、誤りを指摘された側は、自分がどこをなぜ間違えたのかを理解できる。人が論理的であるとはこういうこともいうのです。間違えることはどんな人にもあることです。大切なのは、間違いに自分が気がつき、自分で直せることなのです。数学にはその一番の原型があると思います。

一般に使われる論理はもう少し複雑で、いろいろな要素を含んでしまいますが（「風が吹けば桶屋《おけや》が儲《もう》かる」、という有名な論理を思い出してください）、数学はいわば論理の模型、モデルをとてもすっきりとした形で提供します。ここには「風が吹けば桶屋が儲かる」式の曖昧さが入りこむ余地はありません。子どもたちはそれと知らない間に、人が操る論理とはどんなものなのかを、簡単な例を通して学んでいきます。例えば、「a＞b,b＞c」なら「a＞c」と判断できるが（これを大小関係の推移法則という）、「a＞b,c＞b」のとき、aとcの大小は判断できない。これは当たり前ですが、大小では推移法則が成り立つというのも数学の論理です。ここにも、目に見えてすぐに役立つこととは違った、数学を学ぶ大切な理由があります。学びが役立つとは、買い物ができるようになるだけではありません。きちんとした論理を身につけることもまた、学びが役立つことに他なりません。論理の基本さえ理解できれば、この社会にややもすると横行する非論理的な間違いを、きちんと指摘することができます。さまざまな物言いの中には、論理的に間違っているものもあります。それが間違いだと分かるための論理を学ぶ、これも数学が役に立つことのひとつの現れです。「AならばB」に対して、「BならばA」を逆といいます。逆は正しいとは限りません。犯罪を犯せば刑務所に収容される。しかし、刑務所に収容された人がすべて犯罪者とは限らない、冤罪《えんざい》という事例はいくつもありました。

もうひとつ、論理を考える上でとても大切なことをお話しします。それは「AならばA」ということはどんなAについても、いつでも正しい（これをトートロジーという）が、それはAが正しいということではありません。この違いを十分に理解することです。これはおそらくほとんどの人にとって、当たり前のことだと思いますが、つぎのように変形されるとごまかされる。「AならばB」も「BならばA」もどちらも正しいとき、なぜAなのかと問われて、「BならばAだからです」、と答えるのは、結局「なぜAなのか」と問われて、「AならばAだからです」、と答えるのに等しい。なぜなら、「では、どうしてBなのか」と問われれば、「Aだからです」、と答えることになる。つまりまったくの循環論法です。しばらく前、このような非論理的な答弁が国会で行われたことがあるのです。

数学には「数理論理学」「記号論理学」という論理だけをとり出して研究する分野があります。記号論理学では私たちが考えることを記号化し、その記号を変形する規則として、思考や証明という行為そのものを記号化して研究しています。本書では専門的な記号論理学には踏み込まず、数学にとって記号化とはどういうことなのかを考えてみます。

記号化して考える

多くの人が数学に対して持つある種の違和感は、どうやら数学が使う記号にも原因があるようです。対数記号や積分記号が出てきたとたん、今までなんということなしに数学と付き合ってきた人が、記号そのものに違和感を示すことがあります。実際、積分の記号∫《インテグラル》は悪魔だ！ という人もいるようだし、ある一般向け講演会で対数で使うlog《ログ》という記号を出した途端、会場から「あっ、俺これダメ！」という言葉が出て会場が笑いに包まれたこともあります。しかしそれは大きな誤解です。数学記号を嫌う傾向は、中学数学で文字の使用が始まったとたんに難しいと感じる生徒がいることとつながっているようです。

数学がなぜ記号を使うのか。それは記号の方がより簡単に、よりやさしく分かりやすく数学の内容を伝えられるからに他なりません。例えば、大勢の人に嫌われるΣ《シグマ》記号ですが、これは足し算を簡潔に表す、ただそれだけの記号です。１から１００までの和をそのまま書けば、「1+2+3+4+…+99+100」ととても長い式になりますね（…を使わないと書く気がしない！）。しかし、この式はΣを使えば、「$\sum_{n=1}^{100} n$」だけで済んでしまう。つまりΣはとても便利な記号なのです。

また、数学は抽象的かつ論理的な学問だと述べましたが、抽象的ということは、数学では概念そのものを扱うことがある、といってもいいかもしれません。数学の発展の歴史を見れば、数学はモノそのものを扱う学問から、概念としてのコトを扱う学問へと進化してきたということもできます。そのとき大きな威力を持つのが数学記号なのです。簡単な例でお話しします。

私たちが使う文字も記号の一種です。ひらがなや漢字を記号と意識することはほとんどありませんが、文字も記号であることは間違いありません。数学で使う文字も記号です。ところが、日本語で使う文字と数学で使う文字記号とでは大きな違いがあります。

小学生が足し算を学んだとき、足し算は数を足す順序に無関係である、つまり、足す数と足される数を入れ替えても答えは変わらないことを学びます。これを足し算の交換法則といいます。ところで、小学生が最初に交換法則を学ぶときは、

「『5+3=3+5』のように、足し算でふたつの数を入れ替えても結果は変わりません。これを足し算の交換法則といいます」

と具体的な数値を使って、〜のように、と例示をする他ありません。もちろん、ほとんどの小学生はこの例示で納得し、交換法則を理解します。これが「5+3」のときだけしか成り立たない規則だと思う小学生はいないでしょう（今は小学校でも文字を使って表します）。

ところが、中学生で文字の使用が始まれば、

「足し算では『a+b=b+a』が成り立つ。これを足し算の交換法則という」

として、例示ではなく、一般に交換法則が成り立つことが示せます。つまり、文字を使うことで、個別の例ではなく交換法則という概念そのものを表すことができます。これが交換法則の言葉による説明ではなく、記号による交換法則の表現であることに注意してください。この程度なら言葉で表現しても大したことはありませんが、試しに、結合法則「(a+b)+c=a+(b+c)」を言葉で説明してみてください。かなり面倒でしょう。交換法則、結合法則でこれくらいなのですから、もっと複雑な概念ともなると、数学記号を使わないで表現することは事実

上できなくなります。数学者で哲学者でもあったフレーゲは、記号がなければ、我々は概念的思考に到達できないだろう、と言っています。[1] これが記号化が持つひとつの側面ですが、じつは数学の記号化にはもうひとつ大切な役割があります。それは数学記号は変形操作することで運用できる、簡単に言えば、数学の記号を使って計算できるという事実です。

小学校高学年になると、問題集などには少し込み入った文章題が出てきます。例を挙げれば、「お菓子をみんなで分けました。ひとり3個ずつ分けると4個余り、ひとり5個ずつ分けると6個足りない。お菓子は全部で何個でしょう」

などの問題です。余ったり足りなかったりするので「過不足算」といいます。算数で考えると、3個ずつ分けたとき余った4個を、2個ずつ配るとふたりが5個もらえるが、あと6個足りないのだから、それは2個ずつの3人分だ。だから人数は2人＋3人で5人、お菓子は「3×5+4=19」で19個、となります。方程式を使わないこの解答はそれなりに考えることの面白さを持っていますが、難しいと言えば難しい。これは方程式を使えばつぎのように解けます。

人数をｘ人とする。最初の配り方ではお菓子は（3x+4）個、あとの配り方では（5x−6）個、お菓子の個数は変わらないから、

3x+4=5x−6

という方程式が作れます。大切なのはお菓子の個数が変わらないことです。あとは、機械的

に方程式の解法に従って、移項して整理しxについて解けば、「x=5」となります。機械的に、という言葉に注目してください。文字xを使った方程式さえ作れれば、あとは記号が代わって考えてくれる。これが記号化のとても大切な威力です。また、この方程式がお菓子を配る状況を記号で表し、お菓子の個数はどう配っても変わらないという事実を表していることにも注目してください。鶴亀算などで、全部を鶴と考える、とか、亀が前足を引っ込めたとするというようなアクロバティックな（ある意味ではとても面白い！）考え方が、連立方程式の方程式を足したり引いたりして、ひとつの未知数を消していく操作（未知数消去の加減法）の中に、見事に解消されていくことを思い出した読者も多いのではないでしょうか。高名な科学者が子どもの頃、叔父さんに代数とはどんな数学？　と尋ねたところ、叔父さんは「ずるい数学だよ」と答えた、というエピソードが伝わっています。確かに、式が代わって考えてくれるというのは、ずるいのかもしれません。これは、数学を記号化したことによるとても大きな利点です。

また、小学校高学年になると、速さや濃度などの概念が出てきます。これらは単独の量ではなく、ふたつの量の間の関係で決まる量です。これらが絡んだ問題ではもっと記号化の威力が現れます。「5％食塩水100gを水で薄めて2％食塩水にしたい、どれくらい水を入れればいいか」。この問題は方程式を使って解く方が簡明でしょう。それは方程式自体が、水を足すという操作を表現してくれるからです。さらに、二次方程式の解の公式を導くための式の変形は、中学生が学ぶ最も面白い記号操作です。

抽象的な概念を記号化して考えることの典型例は関数記号です。残念ながら少年院での実践には結び付きませんでしたが、関数を記号「y=f（x）」で表し、その性質を「f（x）」を使って考えることは、関数とは何かを理解することにとても役立ちます。この記号の場合、fはxに施す操作（xにどういう計算を施すか）を表します。例えば、xを2倍する操作をfとすれば、「f（x）＝2x」となります。xが入力でそれにfという操作を施すと出力としてyが得られると考えることもできます。このxに具体的な数値、例えば「x＝−2」を入れれば関数の値「f（−2）」が得られるわけです（例と同時にこの記号の扱いに慣れることも、具体的な関数の概念を理解する上でとても大切です）。

以上のことをまとめておきましょう。数学はその性格として、抽象性、論理性、記号化という側面を持ちます。これらはすでに小学校算数の中にも現れてきます。算数を学ぶことは単純に計算の方法を学ぶことだけではありません。分数や割合を学習し、その計算技術を学ぶ中にも、抽象性や記号化、論理性がしっかりと組み込まれているのです。同じように中学数学の学習には中学数学のみならず、高校、大学へと続く多くの学問の基礎としての、とても大切な学習が含まれているといえます。

数学記号の意味を学び、その運用技術を学ぶこと、それは抽象概念と論理を扱う、数学という新しい言語を学ぶことに他なりません。数学は言葉です。実際、数学記号は世界で最も成功した世界共通言語です。つまり、記号は数学の単語であり、計算技術は数学の文法なのです。

数学は難しい？

数学というと難しい学問だという、強迫観念があるのかもしれません。数学にルサンチマン（怨恨）がある人も結構いるようです。しかし、それは大きな誤解です。数学だけではない、どんなことでも最初は難しい。初めて自転車に乗れるようになったときのこと、もっと言えば、初めて歩けるようになった日のことを思い出して、……、ああ、これはさすがに無理ですね。初めて歩けた日を覚えている人はいませんね。

ところで、自転車、最初はとても難しかったはずです。しかし、自転車に乗れるようになった子どもたちに、「今、ここで転んで！」といってもとてもわざと転がることはできないでしょう。数学はどうでしょうか。多くの人は数の大小などを扱うこと、普通に四則の計算を行うことは何も考えなくてもできるはずです。数や計算は空気のような存在です（もっとも、今は電卓が普及しているので、紙と鉛筆で筆算をする機会は少ないかもしれません）。正負の数の計算でも、あれだけ苦労したのが嘘のように、今はなんということもなくできる。中学校でマイナスの数の概念を学んでしまえば、多くの人は、マイナスの温度を零下と理解しますし、例えば小さな数から大きな数を引くことにも抵抗がないのではないでしょうか。つまり、数学だって慣れてしまえば易しいのです。確かに専門の学問としての数学は難しいかもしれません。しかし、どんな学問でも専門に学ぶようになれば難しくなります。それと同じことです。少なくとも、高校一年生までの数学は他教科と比べても、決して難しい学問ではありません。難しいという思い込みがあるだけだと、私は思います。

　多くの人が分数のわり算はひっくり返してかければいい、ということを覚えています。規則がいささか奇妙な形、「わるのにかける?」をしているので、それだけ印象深いのでしょう。実は、日常生活で分数のわり算を使うことなど、ほとんどありません。分数のわり算を使わなければならないことを日常の中に見つけるのが難しいからです。実際、数学を専門に学んだ私も、日頃の生活の中で分数の計算を使うことは滅多にありませんでした。これが小数の計算になると、日常生活の中でも出てくることがあります。なぜ小数が日常生活で使われるのかを説明すると長くなるので、簡単に済ませますが、ひとつの理由は、小数は大小の比較が容易だからです。しかし、分数の大小は簡単には分かりません。$5/23$と$2/9$の大小を即答できる人は少ないでしょう。このように分数については理解はしていても、運用が難しい。しかも、自分の経験の範囲内では、分数はほとんど出てこない。ですから、分数のわり算を含む計算の規則は覚えていても、何となくすわりが悪いのです。

しかし、それは逆に見れば、数学とは「どうして？」を大切にする学問だという理解が、多くの人に行きわたっている証拠ではないでしょうか。分数のわり算はなぜひっくり返してかけるのだろう？　計算はできるが、どうしてか。あるいは、異なる分母の分数の足し算はなぜ通分しなくてはいけないのか。たくさんの人が数学のいろいろな規則について、「どうして？なぜそうなるの？」という疑問を持つ、これこそが、逆説的に数学が役に立っている証《あかし》ではないでしょうか。丸暗記するのではなく、理由を理解すること、それが数学だと考えている証ではないでしょうか。別に分数のわり算の規則を人に説明できなくても構わないのです。ただ、どうしてなのか、という疑問は常に持っていたい。数学はその原型を与えてくれます。分数のわり算については、あとでもう少し詳しく説明します。

日常経験からの離陸

数学が難しいと受け止められていることをもう少し掘り下げてみましょう。私たちのすべての学びは子ども時代の経験から始まっています。数学でも同じことです。子どもたちが個数を数えたり、順番を数えたりするという素朴な経験（余談ですが、このふたつの「数える」の関係はなかなか面白い問題を含んでいます。個数と順序は現代数学のひとつのテーマでもあるのですが、ここではこれ以上は触れません）から数の学びは始まります。そして、ものを一緒にすることが数の足し算で表される、また、お菓子を食べたり、ものを買ってお金を使うことがひき算で表される、などの経験を積み重ね、そこに共通する概念として四則計算などを学びます。こうして、小学校低学年では、数学の学びはおおむね子どもたちの日常経験の範囲内に収まっています。

しかし、前に述べた、学問としての数学の性格は、数学の学びを急速に日常生活から引き離していきます。もちろん、他の学問でも同じことです。しかし、理科などはその離陸の滑走路がとても長いのに対して、数学は小学校の分数や比あたりから急速に離陸を始める。ここに数学のひとつの特徴があります。抽象化が一気に進むのです。

少年院に入院してくる多くの少年たちが分数概念の理解でつまずいている。それは分数の持つこの抽象性にあると考えられます。自然数、1、2、3、……が少年たちの日常生活の中で普通に使われるのに対して、分数は日常的に使われることはあまりありません。つまり、分数を学ぶには分数を学ぶための、日常経験から少し離れた抽象的な経験の場の設定がどうしても必要になります。この日常経験からの離陸を子どもたちがどう受け止め、ある意味で抽象的な経験である分数使用の場を、子どもたちがどう自分の中にとり込んでいけるか、ここに数学を教える難しさの一端があり、また学校教育や教科書の大切な役割があります。少しだけ日常から離れた、分数を使う場面を設定するわけです。

それは一次方程式の学びの場でも同様です。私たちは普段の生活の中で方程式を使い問題を解決することは、ほとんどないでしょう。つまり、方程式を学ぶにはそのための場の設定が必要なのです。同時にそのような場を、子どもたちが、日常経験を超えた想像力を解放してくれる面白い場として受け止めることを保証する教育の大切さがあると私は考えます。私は、非日常的な経験は他にもありうると思っています。例えば、読書もそのひとつです。このような経験を保証するのが教育の場であり、学びの場ではないかとさえ考えています。少年院に来る多くの少年たちは、この学びの場から疎外されています。彼らは学びたいと思っている。しかし、その機会を、もしかしたら彼らの意志とは無関係に閉ざされてしまっています。それを矯正教育の中で少しでもとり戻したい、少年たちが学ぶ楽しさを経験する手助けがしたい、と思います。

人は抽象的なものについての想像力を持つ。そして、数学はその想像力を駆使する学問です。私はこのことを少年院に限らず、数学を学ぶすべての子どもたちに伝えたいと思います。

「できる」と「分かる」の関係

また、数学の特徴のひとつである記号化はもうひとつ大切な側面を持っています。それは「分かること」と「できること」の関係です。数学でも、新しい概念を学び、それを理解することはとても大切ですが、多くの人にとって、新しい概念を理解することは易しいことではありません。小学生にとって、比や割合などの考えをすぐに正確に理解するのは難しいでしょう。しかし、それが記号化できれば、その記号を操って比や割合の計算ができるようになる。新しいことを学ぶとき、できた！　という達成感はその学びの原動力のひとつになります。よく例に挙がるのが、跳び箱とか逆上がりですね。ちなみに私が逆上がりができたのは、小学校も終わり近くでした。これは身体感覚ですが、数学で計算ができた！　というのも子どもたちにとってとても大切な達成感です。数学の手触り感、身体感覚といってもいいでしょう。数学の学習で、一定程度の時間を計算の練習に費やすのはその意味でも大切です。

これは、やみくもに公式を暗記し、ひたすら計算を練習するということではありません。自分がしている計算の意味を一定程度理解した上で、記号運用の技術を学ぶ、平たく言えば、計算の仕方を学ぶことです。その技術の習得が、また、計算の意味の理解を助けてくれる。もちろん、これはどの教科も同じことでしょう。しかし、数学の場合はそれがとても明確な単純な形で表れてくる、という特徴があります。計算ができたことで自信がつき、その自信がまた理解を助ける。このスパイラルは数学教育のひとつの構造でもあります。内容の理解を伴わない計算技術は、ややもすると学校現場を離れるとすぐに剝落してしまいます。これでは計算には嫌な思い出しか残りません。

一方、具体的な計算技術の伴わない理解は、これまた、ややもすると、単なる自己満足に陥る恐れがある。このふたつの歯車のかみ合いが数学の学びの面白さを保証してくれます。おそらく、矯正教育の現場では学校教育以上にこれがあらわに出てくるのです。少年たちにやみくもに計算練習を強いても、五桁や六桁の数の四則計算を間違えずにすることが懲罰の一種のように受け止められれば、この練習はまったく無意味になってしまう恐れがあります。私たちは普通こんな計算は電卓で済ませます。小学校の計算練習は、足し算やかけ算の原理が身についたかどうかを確かめるための技能練習に他なりません。これはあとで、少年たちの自己肯定感との関係でもう一度考えてみたいと思います。

小学校で足し算などを学んだときの、計算できた！　という達成感は、些細なものかもしれませんが、多くの人が感じていたに違いありません。少年院に入ってくる多くの少年たちは、学習上の達成感を感じた経験が少ないのではないでしょうか。一次方程式を学び、その解法を理解し、そして方程式が解けたとき、少年たちはささやかではあるが、達成感を感じている。それは小学生が足し算ができたときに経験する達成感をもう少し高いレベルで経験していることになります。このささやかな達成感が積み重なっていくとき、それは少年たちにやればできるという自信とプライドを与えることになる、私はこう思います。「たかが一次方程式、されど一次方程式」です。

数学で想像力を解放しよう

少し教育から離れて、数学の想像力の問題を考えてみます。多くの子どもたちが四次元が見たい、という好奇心を持っています。漫画『ドラえもん』では、ドラえもんの四次元ポケットからは、何でも出てきます。では四次元とは本当にあるのだろうか。

ありますǃ　ただし、それは数学の想像力の中に。数学は次元を数値化することに成功しました。一次元から始まって、二次元、三次元と次元をあげていきます。これを数学は記号の世界で扱います。こうして、数学は四次元だけでなく、任意のn次元までを扱います。見えるのでしょうか。もちろん日常的な具体的な意味では見えません。次元とは簡単に言えば、その空間の中を自由に動き回れる方向の数です。こうして、少しトレーニングすれば想像力の目で、四次元空間を「見る」ことができます。この非日常的な想像力の解放が、数学が役に立つもうひとつの側面だと私は考えます。想像力は人の持つ最も大切な能力のひとつです。他の人の心は見えない。しかし、他の人の心を想像することはでき、共感することも逆に反発することもできます。あるいは、文学や音楽、絵画に接し、そこに表されている感情を自分のものとして共有する、これも想像力のひとつの現れです。もちろん数学の想像力は、もっと抽象的で、論理的で、記号的なものです。しかしそれも想像力のひとつの現れには違いありません。ここには数学教育の果たすひとつの大切な役割があります。つまり想像力の育成です。

再度、漫画『おもひでぽろぽろ』から印象的な場面を引用します。前の引用の続きです。ヤエ子姉さんに叱られたタエ子ちゃんはおやつのりんごをフォークで刻みながら心の中でつぶやくのです。

だって……2/3個のリンゴを1/4で割るなんて…どういうことかぜーんぜん想像できないんだもの

想像できない、それは無理もありません。分数のわり算を理解するためには、12個のりんごを4人で分ける4等分の想像力とは違った、もう少し進んだ想像力が必要だったのです。タエ子ちゃん、ここでは、わり算とは分けるだけではない、2/3の中に1/4はどれくらい入っているか、とか1単位あたりの大きさはどれくらいになるのか、を求める計算なんだ、という想像力が必要だったんだね。それが分かる日は必ず来ます。その日まで、自分の想像力を大切に育ててください。

日常生活で使わないものは本当に学ぶ必要がないのだろうか

ここまで、私が考える数学について少しお話ししてきました。数学とは不思議な学問です。まるで周期があるように、ときどき、数学教育不要論が浮かび上がります。最近では、ある大手新聞に、これまでの仕事で微分や積分を必要としたことは一度もなかった。高校数学は必要ができたら学べばよい。全員が学ぶ必要はないという趣旨の投書が載りました。投書者の実感としての数学論、数学教育論です。しかしこの投書者の本当の心は、全員が学ぶ数学教育は必要ない、ということとは違うのではないか、投書者は、もっと生き生きとした数学を学びたかった、と言いたかったのではないでしょうか。ここまで述べてきた、抽象性、論理性、記号化、想像力はどれもすべての学問に共通した重要な要素です。数学という枠の中では、確かにそれらは日常的には使わないように見える。しかし、もう一度、分数の学びを思い出してもらいたいのです。繰り返し述べてきたように、分数でさえ日常的には使わない。けれど、分数の学びで身につくものはたくさんありました。それは普段は使用しないかもしれないが、それ以上に心の深い部分で学習者の理系の感性を磨いているのです。有用性を最も狭い意味に解釈すれば、確かに使うことはないかもしれない。しかし私は、学びの有用性とは日常で使用すること以上の意味を持っていると思います。日常で使わなくても、歴史の知識、古文への感性などは人の文化を支えている大切な学びなのです。数学もその一角を担っています。微分積分学の歴史を少し眺めると、人が瞬間速度という概念を導き出すまでにどれほどの努力と試行錯誤をしたのかが分かります。そして、微分積分学は、この世界を支えているたくさんの技術を、その最も基盤で支えている大切な数学です。自分の仕事で使う、使わないにかかわらず、このような数学を学ぶことには意味がある、それは人の文化を学ぶことであり、文化を学ぶことはその人の生活をより豊かにしていく、と私は考えます。

私は少年院という場の中でも、少年たちに文化としての数学を学んでもらいたいと思います。また、それがごく自然に、例えば高認試験に合格できる数学学力を養うことにつながるのだと思います。十八、十九歳の少年たちが少年院という更生施設の中で数学を学ぶ機会を持てたことは、私たちが想像している以上に大切なことです。それは少年たちにもう一度学ぶことの大切さ、面白さを思い出させ、学びを通して人とつながることの大切さを感じさせ、想像力を通して、外の人とつながっていく感性を養い、彼らの心を耕すことにつながると確信しています。この重要、かつ貴重な機会を少年たちから奪ってしまうことには慎重でなければなりません。

以上、この章では数学とはどのような学問なのか、私の考えを少し詳しく説明しました。以下第三章では、このような数学の性格を、どのように少年院での教育の中で生かしていけばいいのか、を考えます。

第三章　数学教育が矯正教育でできること

少年院に入ってくるのは、学校教育から疎外されている少年がほとんどです。その原因のいくつかは、彼ら自身に起因するのかもしれませんが、彼らをとり巻く家庭環境、社会環境にもたくさんの要因があるようです。多くの場合、小学四年生で学ぶ分数あたりからつまずき始め、中学校で学び始める、数学の基礎である正負の数や文字の計算は、学んだ記憶はあるが、残念ながら定着していません。形式的に中学校は卒業していても、尋ねてみると、三年間数えるほどしか教室には入らなかった、あるいは入れてもらえなかったという少年もいます。教育に対するよい思い出はほとんどありません。しかし、逆に言えば、受けられなかった授業への思いが強い少年も大勢いるのです。そんな少年たちに私たちが行った授業のあらましを報告します。授業を受けてくれた少年たちは、中学生、高校生（中退を含む）、高校卒業生でした。「僕に方程式を教えてください」というのは少年たちの心からの言葉だったと思います。

小・中学校での数学の知識を中学生、高校生として見直すこと

最初に、私の考え方を述べておきましょう。数学を理解してもらうために、必要な最小の知識の整理をするが、いろいろな公式や知識を丸暗記させる教育はしない。少年たちには数学の内容をリアリティを持って学んでもらいたいと思います。ここで、ちょっと注意しておくと、数学のリアリティとはいわゆる日常生活のリアルとは違います。リアリティは手で触れられる具体物、現実のモノだけにあるわけではありません。第二章でお話しした通り、数学のよって立つ基盤は抽象性、論理性、記号化、想像力です。これらはいずれも具体物ではありません。しかし、私たちはこれらにある種の手触り、リアリティを持っているはずです。大切なのは数学に対する感性なのです。この、日常からはなかなか学べない数学のリアリティを学び伝えていく場が学校教育です。ところが、少年院に来る多くの少年たちは、その学校現場から疎外され締め出されてしまっています。義務教育、中等教育を一通り終わるはずの十八、十九歳になる少年たちが、数学と限らず、すべての教育を真の意味でもう一度学び直す機会が少年院に確保されていることは、考える以上にとても大切なことです。少年院での教科教育は、矯正教育の根幹をなすものなのだと考えます。

小学校で学ぶ最初の数学のうち、少年たちの理解が一番不足しているのは、何度も繰り返したように、分数です。前にも言った通り、分数は数学が抽象化へと向かう第一歩で、特別な分

数を除いて、日常的には経験することが少ない数です。その意味でも、分数の理解はとても大切です。分数の計算もさることながら、分数とはどういう数なのかを理解することは、抽象的な概念を学び理解することに直結します。ただし、これは小学校での分数指導をそのまま施設に持ち込むことではありません。すでに中学生や高校生の年齢に達している少年たちに、小学生と同じような分数指導を行うことは、少年たちの自尊心を傷つけ、再び数学嫌いを増幅させてしまうことになりかねない、そのことを私たちは危惧しました。中学、高校程度の数学授業の中に、分数の指導を組み込むこと。これが私たちの指導方針です。つまり、分数の基礎知識を少し高い立場から、もう一度整理してみよう、これが最初の授業です。このときとても役立ったのは、大学の教育学部で数学教員を目指す学生たちに行った講義の内容でした。もちろん、大学の講義内容をそのまま彼らに教えたわけではありません。しかし、基本的には同じ内容を、かみ砕いた言葉で説明したのです。

　普通の数（自然数）は1から始まり、2、3、……と続きます（0から始まるという考え方もある）。個数を数えたり、順序を表したりするための最も基本的な数で小学生が最初に学ぶ数です。では分数は、と言えば、数の単位である1を何等分かした新しい、小さい単位がいくつあるかを表す数です。例えば、1の半分の1/2を単位とすれば、1/2系列の分数が、「1/2、2/2、3/2、……」と続きます。分母は新しい単位が1を何等分したものかを表し、分子はそれがいくつあるのかを示しています。仮分数、約分はこの時点ではあまり問題にしないのです。髙橋さんとの授業の中で、ある日、少年院の教室で4／2は2かどうか、ということが問題になりました。多くの少年は単純に2であるとしたのですが、ひとりの少年が、大きさは2かもしれないが、4／2は1／2が4個という量を表すので意味が違うと主張しました。大きさとしては同じかもしれないが、表現している内容は違うという理解はとても大切だと私は考えます。この少年は分数の意味を深いところで理解してくれたと思います。

このように分数が理解できると通分の意味が見えてきます。足し算は同じ単位でないと足せない、これは足し算の大切な性質のひとつです。同じ長さでもmと㎝の数値はそのままでは足せません。単位をそろえる必要があります。だから分数計算も同じで分子同士、分母同士を足して、「1/2+1/3=2/5」としてはいけない。それは分数の分母はそもそも単位を表す数であり、分子はその単位がいくつあるかを示す数だからです。加減算では単位の違う数値を足したり引いたりすることはできない。ここがポイントでした。「2+5=7」ですが、2mと5㎝は同じ長さでもそのまま足すことはできません。単位が違うからです。足すためには、単位をそろえて、「2m+0.05m」とするか、「200㎝+5㎝」としなければなりません。分数の加減算でも原理的には同じことが起きています。足すためには単位をそろえ、「1/2+1/3=3/6+2/6」とする必要があります。こうすることで単位がそろい、それぞれ1／6が3個と1／6が2個ですから、足せ

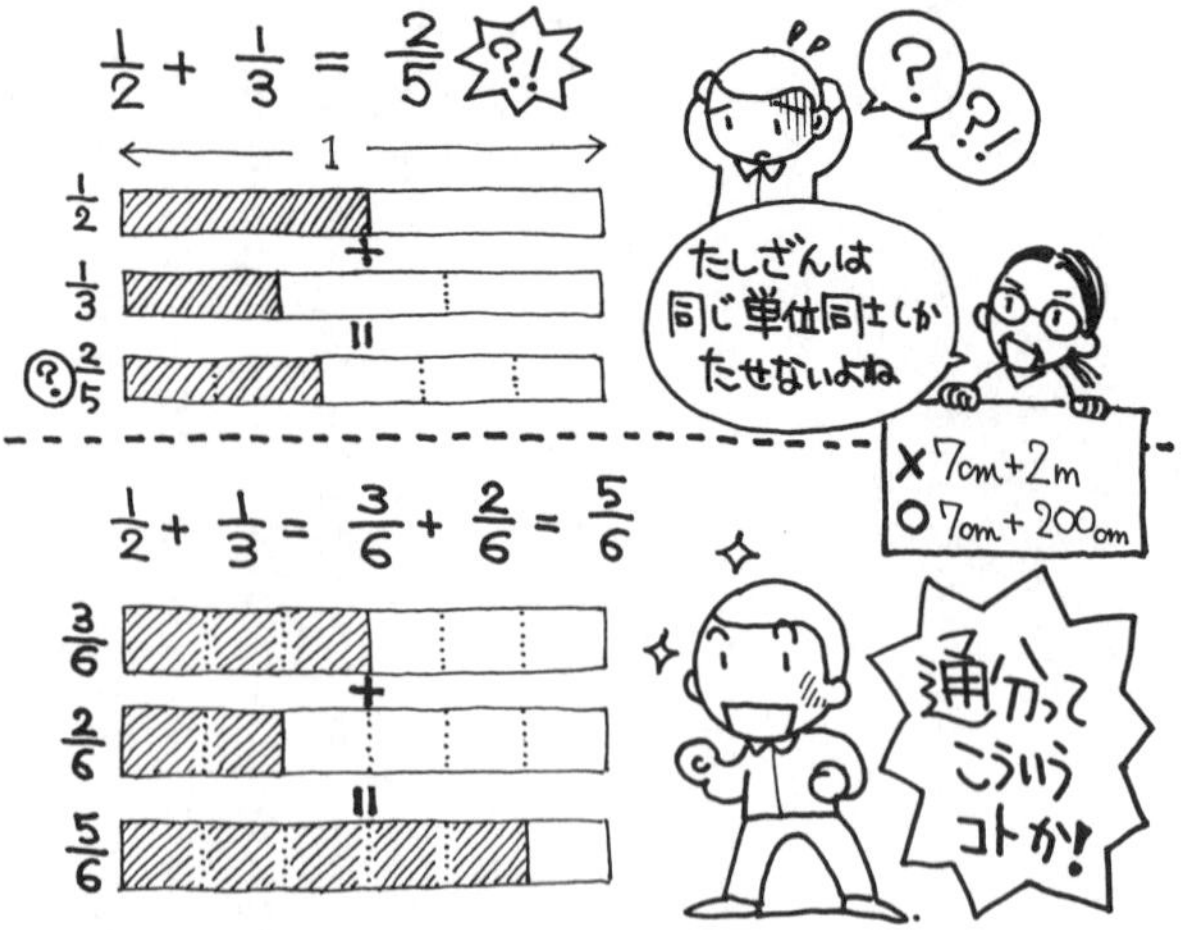

ば1/6が5個、つまり、「1/2+1/3=5/6」となります。これは1/2系列の分数と1/3系列の分数を、さらに細かい1/6系列の分数の中に埋め込むということです。㎜の単位で刻まれた目盛りの中には㎝の目盛りが含まれているのと同じです。これが通分することの意味です。

　通分とは単位をそろえることだ、という理解ができた少年たちは同時に単位が違うものは足せないという加減算の意味も学びました。これで、小数の加減算でも小数点をそろえなければならない理由を、彼ら自身の言葉で説明できるようになります。普通の計算は下一桁目をそろえますが、小数の加減算では小数点をそろえなければならない。これは単位をそろえることに当たる。機械的な計算ができることはもちろん大切ですが、少年たちが計算の意味を理解することがとても重要です。少年たちは分数の仕組みが理解できたことで、ある種の知的興奮を味わうことができました。理解するのはどんな些細なことでもうれしいことなのです。第一章でもお話ししましたが、授業のあと、「分数ってそういうことだったんですね。通分する意味が分かりました」と言った少年の言葉が耳に残っています。こうして、少年院の中学生、高校生に対して分数指導が成立したのです。つぎの難関はわり算、特に分数のわり算です。

わり算とはものを公平に分ける方法、つまり等分することだというのはごく普通のわり算の理解ですが、これをもう少し抽象化し、ひとり分を求めること、つまり1あたりの量を求めること、と理解すると、分数のわり算の計算方法が見えてきます。

大切なのは、「わり算とは1あたりの量を求める計算だ」を理解することです。何人かでお菓子を分けるとき、ひとり分を求める計算がわり算、この拡張です。人数でお菓子の個数を割れば、ひとりあたりのもらえる個数が求まります。これは個数でなくても同じなのです。つまり、1あたりの量を求める計算です。あとはこれを具体的に計算する手段を学べばよい。例えば、ペンキ3ℓで2㎡の広さが塗れるとき、このペンキ1ℓ分でどれくらいの広さが塗れるだろうか。小学校で扱うわり算の例です。これは「2÷3」で答えが求まります。これは分数でも同じなのです。ペンキ3/4ℓで2㎡の広さが塗れるとき、このペンキ1ℓ分でどれくらいのて足せるようになります。単位が違うものは足せない。これは足し算のとても大切な性質です。

では $\frac{3}{5}+\frac{2}{3}$ はどうでしょう。もちろん $\frac{5}{8}$ にはなりません。片方は $\frac{1}{5}$ を単位とする数で、もう片方は $\frac{1}{3}$ を単位とする数です。つまり単位が違っている。足すためには単位をそろえなければならない。この単位をそろえる操作を数学では「通分」といいます。つまり、この分数を $\frac{1}{15}$ を単位とする分数の系列の中に埋め込むのです。

$$\frac{3}{5} + \frac{2}{3} = \frac{9}{15} + \frac{10}{15}$$

こうすると、単位が $\frac{1}{15}$ にそろい、足すことができます。つまり、$\frac{1}{15}$ 単位のものが9個と10個ですから、足せば $\frac{1}{15}$ 単位のものが19個、

$$\frac{3}{5} + \frac{2}{3} = \frac{9}{15} + \frac{10}{15} = \frac{19}{15}$$

となります。これが通分ということの意味です。

つまり、分数の足し算は単位をそろえる必要があり、分母が違う場合は通分する必要があるのです。

一方、かけ算は単位が違っていてもかけることができます。例えば、時間と速さをかけると距離になります。ですから分数のかけ算では単位をそろえる必要はなく、

$$\frac{3}{5} \times \frac{2}{3} = \frac{(3 \times 2)}{(5 \times 3)} = \frac{2}{5}$$

という計算ができます。わり算も同じで、例えば距離を時間で割ると速さが出てきます。ところが、わり算の場合は具体的な計算では単位をそろえる必要が出てくることがあります。1.5mの紐から20cmの紐が何本とれるかという計算はわり算になります。これを包含除といいます。単位がそろっていれば、例えば、15mの紐から2mの紐が何本とれるか、という場合は15÷2で答7、あまり1、つまり7本とれます。ところが、上の問題の場合は1.5÷20で計算することはできません。これはmかcmに単位をそろえて1.5÷0.2、あるいは150÷20とする必要があります。

コラム1　分数とはどういう数か

分数とはどういう数か、にはいろいろな考え方があるのですが、そのひとつを紹介します。あとから『算数・数学の基本常識』で野崎昭弘先生も同じ考え方をされていることを知りました。それを詳しく説明したのが、このコラムです。

ものの個数を数えたりする数を自然数といいます。自然数は1、2、3、…と続きます。人によっては0も自然数の仲間に入れて、0、1、2、3、…とする場合もあります。この数は1を基本の単位として1がいくつあるのかを示すと考えられます。1を□で表すと分かりやすい。2とは四角が2個、つまり□□ということです。ところが、この世界では1より小さい量を考える必要もあります。そのとき、普通よく使うのは小数です。小数は単位の1（□）を10等分したものを新しい単位と考えて量を測る数です。この単位を0.1と書きます。たとえば3.2という数は1が3個、1を10等分した新しい単位0.1が2個です。一方、分数は単位の1（□）を2等分、3等分などとしたものを新しい単位とするのです。それらを$\frac{1}{2}$、$\frac{1}{3}$などと書き単位分数といいます。そして、$\frac{1}{2}$の単位のものが例えば5個あるとき、これを$\frac{5}{2}$と書きます。分数の下に書いてある数字を分母、上に乗っている数字を分子といいますが、分母は「1を何等分したものを単位にしているか」を表す数字で、分子はそれがいくつあるのかを表す数字です。ですから、

$$0 \qquad\qquad 1 \qquad\qquad 2 \qquad \cdots\cdots$$

$$0 \qquad \frac{1}{2} \qquad \frac{2}{2} \qquad \frac{3}{2} \qquad \frac{4}{2} \qquad \cdots\cdots$$

$$0 \quad \frac{1}{3} \quad \frac{2}{3} \quad \frac{3}{3} \quad \frac{4}{3} \quad \frac{5}{3} \quad \frac{6}{3} \quad \cdots\cdots$$

のようにいろいろな系列の分数ができるのです。分母が大きくなれば、目盛りが細かくなっていくわけです。

では$\frac{3}{5}+\frac{2}{3}$の計算を考えてみましょう。3+2=5という計算は小学生が学びます。3と2を足せば5になる。では3kg+2mはいくつでしょう？　3+2=5？　これはおかしいです。片方は重さで片方は長さですから足せません。では同じ長さなら足せるか？　3mと2cmはどちらも長さですが3+2=5という計算はできません。単位が違っているからです。cmに単位をそろえれば、300+2=302となっ

広さが塗れるだろうか。これは「2÷3/4」で答えが求まります。なぜわり算になるのか、それはこの問題がペンキ1ℓで塗れる量を求める計算だからです。つまり、塗れる広さを使ったペンキの量で割ればいい。ペンキの量3/4を3/4で割れば1になります。ですから、面積も3/4で割ればいいのです。3/4で割るにはどうすればいいのでしょうか。まず3/4が1/4を単位として3個分の量だという分数の理解が必要です。これが分かれば、まずペンキ1/4ℓ単位で塗れる面積を求める。つまり、2㎡を3で割ればよい。ですから、ペンキ1/4ℓで塗れる面積は2/3㎡です。ところで、1は1/4の4個分ですから、これを4倍すれば、求めるペンキ1ℓで塗れる面積になります。したがって、「2÷3/4=2/3×4=2×4/3」となり、分数のわり算が、分子分母をひっくり返してのかけ算になりました。

もうひとつ、別の説明を紹介しましょう。この問題はペンキ3/4ℓで2㎡が塗れるとき、1ℓではどれくらいの広さが塗れるだろうか、ということでした。これを比例式で考えれば、「3/4：2=1：x」のxを求めることに他なりません。3/4を1にするためには3/4で割ればいい（どんな数でも同じ数で割れば1になる）のですから、比例式の性質から、2を3/4で割ればxが求まります。

また、わり算の意味を考えるのに典型的なのは速さです。時速とは1時間あたり（1あたり）の移動距離を表す量です。ですから、距離をかかった時間で割れば時速が求まる、つまりわり算が出てくるのです。

割ることの意味さえ十分に理解していれば、分数のわり算の計算は技術的に決して難しいものではありません。むしろ、分数の足し算、ひき算の方が通分という技術を必要とするだけ難しいともいえます。また、わり算とは1あたりの量を求めること、という理解はものを2等分、3等分してひとり分を求めるという素朴なわり算の考えの、ごく自然な延長線上にあり、難しいものではないのです。ここには、計算の意味を理解することと、計算の技術を学ぶことの関係があるように思います。

また、もう少し進めば、わり算とは逆数をかけることだ、という意味付けができます。こうすれば、わり算をかけ算で表すことができます（コラム2を参照してください）。分数のわり算がひっくり返してかけ算になるのは、この逆数をかけることの具体的な計算方法に他なりません。高校生程度の少年を対象にした二番目の少年院では、逆数を使った授業もしました。最初に、逆数とはかけると1となるふたつの数の関係だという説明をします。2の逆数は$\frac{1}{2}$、$\frac{3}{4}$の逆数は$\frac{4}{3}$です。逆数の理解と「$\square \times a \div a = \square$」（a倍してaで割れば元に戻る）となることを指導し、

$$x \div a = (x \times 1) \div a = (x \times 1/a \times a) \div a = x \times 1/a \times a \div a = x \times 1/a$$

となることを示します。これを高校生程度の少年たちに指導したのですが、それ以前の授業

具体的な数値で計算してみましょう。

$\frac{3}{7} \div \frac{3}{4}$ を計算してみます。まず、$\frac{3}{4}$ の逆数は何でしょうか。逆数とはかけると1となる数でした。

$$\frac{3}{4} \times \frac{4}{3} = 1$$

だから、$\frac{3}{4}$ の逆数は $\frac{4}{3}$ です。何のことはない、逆数とは分数の分子と分母を入れ替えた数です。だから、

$$\frac{3}{7} \div \frac{3}{4} = \frac{3}{7} \times \frac{4}{3} = \frac{4}{7}$$

となります。これが分数のわり算はひっくり返してかけることの文字と逆数の考え方を使った説明です。

コラム2　分数のわり算の計算

ここでは文字を使って説明します。

数の1は特別な性質を持っています。1はどんな数にかけてもその数は変わらないということで、少し難しい言葉ですが、「1は乗法単位元である」といいます。また、かけると1になるふたつの数を互いに逆数であるといいます。例えば、2の逆数は$\frac{1}{2}$、では$-\frac{3}{4}$の逆数は、ちょっと面倒な気がしますが、$-\frac{4}{3}$です。マイナスとマイナスをかけるとプラスになることを思い出してください。では少しひねくれた質問、「1の逆数は？」

少し引っかかりそうですが、1の逆数は1自身です。自分自身が自分自身の逆数になる数がもうひとつあります。考えてください。ある数の逆数はその数を分数で表して、分子と分母を入れかえればいいのです。

では $x \div \mathrm{a}$ を考えましょう。1の性質から $x \div \mathrm{a} = x \times 1 \div \mathrm{a}$ ですが、$1 = \frac{1}{\mathrm{a}} \times \mathrm{a}$ですから、

$$x \div \mathrm{a} = x \times 1 \div \mathrm{a} = x \times \frac{1}{\mathrm{a}} \times \mathrm{a} \div \mathrm{a}$$

となります。ところが、最後のふたつの計算 $\times \mathrm{a} \div \mathrm{a}$ を考えてみると、a倍してaで割ったのですから、何もしないことになる。だから、この部分は消えてしまい、結局、

$$x \div \mathrm{a} = x \times 1 \div \mathrm{a} = x \times \frac{1}{\mathrm{a}} \times \mathrm{a} \div \mathrm{a} = x \times \frac{1}{\mathrm{a}}$$

です。

つまり、わり算とは逆数をかけることなのです。

これで「わり算とは逆数をかけること」というわり算の性質が分かりました。つまり、わり算は逆数を使ったかけ算に直せるわけです。

で記号操作にある程度慣れてきた少年たちは、この指導で、わり算が逆数のかけ算となることを理解してくれました。多くの人が、分数のわり算はひっくり返してかける、という計算方法を覚えています。しかし、その理由を説明できる人はそう多くはありません。この授業でも、少年たちが分数のわり算の意味を完全に理解できたかと言えば、心もとない部分もあるでしょう。しかし、中学、高校の少年たちがその理由を、小学生のレベルではなくもう一度学んだという経験は、とても貴重だったと思います。もう一度繰り返しますが、分数を中学、高校生に教えるということは、中学、高校生を小学生レベルに引き下げることではありません。反対に分数の指導を中学、高校生のレベルにまで引き上げることです。少年院での教科教育の中でそれは可能だと確信します。

方程式の授業を通して論理性を育てること

すでに述べたことですが、少年院でも教科教育が行われていることは、実際に参加して初めて知りました。今まで四十年も数学教育に関係してきましたが、本当にうかつな話でした。初めて参加した矯正教育としての数学教育と、それなりに関係してきた学校教育での数学教育を比較検討できたことは、私の教師生活にとって大変に有意義でした。教える数学の内容そのものに変わりがあるわけではありませんが、少年院という場と学校という場ではおのずから教育の方法が変わってこざるを得ない。それは、最初に述べた通り、教える少年たちは四月一斉入学するわけではなく、また、在院期間もおおむね一年ほどであるという外的な条件があるからです。このため、入院してくる少年たちに一律の数学の基礎知識を仮定することができませんし、いわゆる学習指導要領で、各学年ごとに厳格に規定されている教科内容をそのままこなすこともできません。しかし、これはある意味では、逆に少年院での数学教育には一定程度の自由度があるということでもあります。学年ごとの指導要領にとらわれず、カリキュラムを自由に組み直せる。これは塾における数学指導に似た側面があります。大きな違いは、ここの少年たちは、嫌だからといって途中でやめてしまうことができないことです。おそらく、大半の少年たちは、学校で教えられてきた数学に好印象は持っていないでしょう。分かろうとすることを途中で放棄してしまった少年も多いに違いありません。そんな少年たちに途中で嫌にならず、最後まで興味と関心を持って授業を受けてもらいたい。その方法をどうするか。同時に、少年院ならこの程度でいいか、というおかしな妥協をせず、数学の持つ論理性を養っていこう、と思いました。

それを可能にするために、最初の中学生程度の少年院では、全体のカリキュラムを一次方程式の理解を目標として組み立てたのです。中学校の多くの教材の中から一次方程式を選んだのは、この教材が中学数学の最初の目標であること、また、一次方程式を解くという過程の中に、ごく自然に分数、小数の計算、正負の数の計算、文字式の計算を組み込むことができるからです。さらに、方程式は適度な抽象性と論理性を持ち、いわゆる移項の計算で、記号処理の初歩もその論理性も学ぶことができるという面もあります。移項とは天秤の釣り合いを保ったままの操作です。実際に簡単な天秤の教具を作り、論理的な説明を物理的な説明と同時に行いました。つまり、前章で述べた数学の性格を、一次方程式の指導はうまくカバーしてくれます。おおよそ一年足らずの在院期間でかつ、週の授業時間も十分にはとれないという制約の中で、この選択は正しかったのではないかと思います。また、逆説的に一次方程式では、解の公式の暗記という授業が成立しない（易しすぎるため）こともよかったと思われます。一次方程式の解法技術を学ぶ中で、多くの少年たちは分数計算、正負の数の計算を身につけていきます。また、文字の使用もいたずらに複雑なものでなければ、これもきちんと身につけていきました。文字の使用については、単に文字の計算ができればよい、ということではありません。方程式を解くための等式の持つ論理性、それを計算技術として実現した移項という操作（項の符号を変えて右〈左〉辺から左〈右〉辺へ項を移す操作）を学ぶこと、これは論理性と記号操作の最初の現れです。前に述べた通り、私たちは平面幾何学の指導をしませんでした。ですから、論理をこの形で学ぶ必要があったのです。文字の使用はこれらの操作を的確に表現してくれます。

実は、方程式を学びたい、方程式を教えてもらいたい、というのは少年たちの希望でもありました。少年たちの「僕に方程式を教えてください」という言葉の中には、自分たちはもう小学生ではない、という彼らなりのプライドが込められていると思います。少年たちの算数とは違った数学への憧れのようなものや知的探求心が、方程式を学びたいという言葉になって表れている、そう感じるのは私の身びいきかもしれませんが。

こうして、分数や正負の数の一定程度の計算練習を一次方程式指導の中に入れていくのは、それほど難しいことではありませんでした。一次方程式を解く、とは、移項などの操作を繰り返して、最終的に与えられた方程式を、「x=a」という、答えが目に見える一番簡単な方程式に変形することです。その方法が天秤の釣り合いを保ったままの変形操作という目に見える論理で実現されているのです。それには文字を的確に使用することが不可欠でした。

記号操作を通して抽象的な概念を理解できる心を育てること

数学が抽象的な学問であることは前にお話ししました。多くの法務教官が、少年院に来る少年たちは抽象的な概念を理解する力が劣ると感じているようです。この理解不足は中学校、高校程度の少年と法務教官との会話の進展を阻害するひとつの原因にもなっているようです。また、少年たちが社会復帰を果たして、専門学校や大学に進学したり働き始めたりしたときに出会ういろいろな事柄をきちんと理解し、他人と普通に接触するときも、抽象的にものを考えるいは同じ数で割ってもいいのでは、と思った方もいると思います。実は引いたり割ったりは、足したりかけたりと同じことなのです。説明します。中学生はマイナスの数を学びます。マイナスの数を使うと、ひき算を足し算に直すことができます。つまり、「5を引く」ことを「−5を足す」と表現すればいいのです。ここで、5と−5は足すと0になる数で、これらを互いに反数ともいいます。小学校では、かけると1となる数、つまり逆数を学びました。反数と逆数という用語を使うと、

「ひき算とは反数を足すこと」

「わり算とは逆数をかけること」

となります。だから、「−5を引く」ことは−5の反数5を足すことになる。これが、$x-(-5)$が$x+5$となる理由です。

性質①を形式的に扱う操作が「移項」です。

具体的に説明しましょう。

$$x+5=3$$

左辺にxだけを残したい。そこで左辺の5を消すため、両辺から5を引きます。(5の反数の−5を足すのです)。

$$(x+5)-5=3-5 \quad \text{(性質①を使った)}$$
$$x+(5-5)=3-5$$
$$x=3-5$$
$$x=3-5\ (=-2)$$

となります。この最初の式と最後の式をよく見てください。もとは左辺にあった5が符号を変えて−5となって右辺に移ったと考えることができます。これが移項です。つまり、方程式の項は数でも文字でも、その符号を変えて、右辺から左辺へ、左辺から右辺へ移すことができるのです。この形式的な移項という操作を学ぶと変形がとても楽になります。

具体例を示しておきます。

$$3x-5=11-5x$$
$$3x+5x=11+5$$
$$8x=16$$
$$x=2$$

数の項を右辺に、xの項を左辺に移項してまとめました。最後に両辺を8で割り(つまり、8の逆数$\frac{1}{8}$をかけて)、答えが求まります。

コラム3　一次方程式を解くということ

文字を含んだ等式には2種類あります。文字の数値がいくつでも常に成り立つ等式と、文字が特定の値のときだけ成り立つ等式です。いつでも成り立つ等式を恒等式、特定の値のときだけ成り立つ等式を方程式といいます。

恒等式の例を挙げてみます。

$$a + b = b + a$$

は恒等式です。これは加法の交換法則（足し算は順序をかえてもいい）を表します。もっと簡単な恒等式の例は、

$$x = x$$

です。当たり前の式ですね。ではなるべく簡単な方程式を挙げてみましょう。

$$x + 1 = 2$$

これは方程式です。見れば答「xは1」が分かります。では、

$$x = 1$$

は方程式ですか?　解く必要がないから方程式ではないのでしょうか。そんなことはありません。この式はxが1のときだけ成り立っています。

x=1は立派な方程式です。確かに解く必要はありませんが、方程式の定義を満たしています。

「方程式を解く」というのは、複雑な形をした方程式を、数学の約束に従って整理、変形して、この一番簡単な方程式に直すことなのです。普通は「xを求める」などといいます。

では数学の約束に従って変形する、といったときの数学の約束とは何でしょう。

等式は両方にお皿がある天秤だと考えられます。それが釣り合っている状態が等式です。このとき、この天秤や等式の左右を両辺といいます。

①両辺に同じ数を足しても等式は成り立つ。
②両辺に同じ数をかけても等式は成り立つ。

というふたつの性質が成り立っています。

等式の性質はこのふたつしかありません。同じ数を引いてもいいのでは、ある

ことはどうしても必要だと思います。

多くの教科では抽象的概念は言葉を使って説明されます。そこでは少年たちの語彙が少ないことが問題になります。使う言葉の定義をきちんと理解しないで高度な抽象的概念を理解することは難しい。もちろん、数学でも同じことなのですが、数学は、前に述べたように概念そのものを数学記号を使って表すことができるという特徴を持っています。しかも、数学記号は記号として運用できます。別の言葉で言えば記号を使って計算することができます（余談ですが小学校では、計算とは数の四則を表しますが、進んだ数学では、数学記号を許容される規則に従って変形することを広く計算と呼びます。中学校でも文字式の計算という言葉を使います）。

簡単な例で言えば、分数は単純な数ではなく、ふたつの数の間の関係を表す記号という意味も持ちます。分数を理解することは、比や割合という抽象的な概念を理解することにつながります。したがって、分数の計算練習は、比や割合の計算を理解することにつながっています。また、中学数学で使用する文字は数一般という概念を表します。数は抽象的概念です。それが文字で表されることで、抽象的な概念をあたかも具体的なものとして扱うことができます。3個、3人、3匹という具体的な数量をもとにして、それらを統一的に数の3で表すことは、数学の抽象化の第一歩です。さらに、数一般を文字で代表して表し、かつ、文字で表された数概念を計算することで、生徒たちは演算の持つ基本的な性格、交換法則、結合法則、分配法則などを一般的に理解するようになる。このように、子どもたちは数学の学びの場で、知らず知らずのうちに抽象的概念を理解するトレーニングをしているのです。私たちの授業でも、少年たちは、具体的な個数を表すだけだった数が、小数、分数と進むにつれ、次第に目に見えないものまで表すようになるのを経験します。

抽象的な言語を使って他人とコミュニケーションをとることは、円滑な社会生活を送る上での必要な条件でもあります。数学はその基礎を与えてくれます。少年院の少年たちが他人と滑らかなコミュニケーションをとれるようになることは、矯正教育を成り立たせる上で考えている以上に大切なことです。以前から付き合いのある技術者の方とお会いしたとき、彼は、現場では結局数式を使って説明するのが一番分かりやすく、理解してもらえると話していました。数式の有用性を実感したエピソードでした。社会に出たときに困らないだけの、十分な会話の理解力をつけることは教育の最も大切な役割のひとつですが、少年院の場合、それは私が考える以上に大切、かつ重要なことなのだと思います。

最初の少年院で私が出会った素晴らしい思い出についてお話しします。少年院では法務教官の授業を参観するのと同時に、時々すべての少年たちに数学についての講話をしました。数学史などに題材をとるのですが、一度、素数についての話をしたことがあります。素数って何ですか、という質問が少年からあったと記憶しています。素数とは「1と自分自身でしか割り切れない2以上の数」をいい、2、3、5、7……と続きます。講話では、素数とはどういう数か、を説明し、素因数分解の話やいくらでも大きい素数があることのユークリッドによる証明の概略を話しました。この証明は中学校では扱わないようですが、多くの少年たちは背理法について、それなりに理解してくれたと感じました。また、少年たちに素数表の一部を渡し、いわゆる双子素数（差2で隣り合っている奇素数の組）を見つけてもらいました。そのとき、双子素数予想、すなわち、双子素数の組は無限にあるだろうという予想も話し、これは現在未解決であることを紹介しました。同時に、三つ子素数、すなわち差2で隣り合っている三つの素数は3、5、7、しかないことを紹介し、証明は難しくはないが、ここでは証明しない、と話したのです。後日、担当教官を通じて、一通のレポートが届けられました。そこには、三つ子素数は3、5、7、だけであることの見事な証明が書かれていました。私はびっくりすると同時に本当にうれしく感動したことを鮮明に覚えています。たったひとりですが、分数計算も怪しかった少年が半年間の授業のあと、自力でこの証明を考えたのです。このように素数を含む数という概念を文字で表すことは、その数の持つ性質を明快に示してくれる。これが抽象的に考えることの大きな長所なのでした。

ここまで、数学の特徴として、記号を使用し抽象化して考えることをお話ししました。自分の考えを記号化し、それを計算という手段で運用することにはもうひとつ大きな利点があります。それは自分が考えていることを頭の中に留《とど》めておかず、外部にとり出して眺められる、そして、その結果として自らの過ちに気づけるということです。少し大上段に振りかぶって言えば、これは自分を客観的に眺め、自分の間違いを見つけるということです。これらが少年たちにどう受け止められたか、第Ⅰ部第二章で髙橋さんが少年院での具体的な授業風景として詳しく紹介しているので、ここでは詳細は省きます。ただ、この数学に特化した授業実践ではありますが、教科教育の一部とはいえ、自らの過去と向き合い、それを反省し新しい出発を目指すことは、少年たちに必ずいい影響を与えているだろう、と思っています。

思考の記号化で考えの跡をたどろう

思考の記号化の具体的な例を、少年たちにした二次方程式の解の公式を導くひとつの説明を通して、コラム4でお話しします。これは計算のトレーニングであると同時に、抽象的に、論理的に記号で考えることの大切な例です。

ではコラムで解の公式を説明する前に、思考の記号化とはどういうことなのかをもう少し説明しましょう。人はものを考えるとき、普通は日頃使っている母国語で考えます。それは言葉を声に出して話すということではありません。頭の中で、あたかも自分と自分が会話しているかのように考えるのだと思います。もちろん、実際に言葉にしてしゃべることで、それを誰かに聞かせるということではなく、自分自身で反芻《はんすう》することもあるでしょう。私は少し前、ある有名な文学作品を全編通しで音読したことがあります。黙読ではなく音読することで、内容の理解が進んだような気がしました。「読書百遍、意おのずから通ず」という有名な言葉がありますが、この読書とは音読のことだという説もあるようです。

記号化してノートに書くとは、いわば文字による音読といってもいいのではないかと思っています。もちろん、多くの文学者などはまさしく自分の思考の過程を文字を使って表しているのでしょう。作文教育もそれを目指しているのだと思います。しかし、それはなかなか大変な作業です。少年院での作文教育についても同じようなことが言えそうです。ここで数学の出番があるのです。数学記号は何回もお話しした通り、言葉の一種です。しかも、この言葉はある意味でとても易しい。それは数学記号が単独の意味しか持たないからです。少し誤解を招きそうなので、もう少し注釈をつけます。例えば、「2+3=5」という数式は数式としては2と3を足したら5になるということを意味しています。大切なのはこの数式が、さまざまな文脈の中で、いろいろな解釈を可能にするということです。この解釈を数式の多様な意味といっても構いません（例えば、2人と3人で5人になる）。思考の一番基本的なことを、数式という記号でたどる。そこでは、計算ミスなどの間違いは明確になっていて、その間違いは自分で気づくことができるし、他人に指摘してもらうこともできる。記号化が完成したとき、つぎは、その思考の跡を今考えている問題なり、課題に即して解釈して意味を考える。これが明確に示されるのが数学における記号化の考えの大本なのです。例として二次方程式の解の公式のひとつの導き方をコラム4で紹介しましょう。

解けたうれしさと少年たちのプライドについて

人は誰でも自分を肯定したいと思います。「自分で自分を褒めたいと思います」と言ったのは有名なアスリートでした。競技者の場合、自分の努力はそのまま結果につながります。努力した結果いい成績が残せれば、そのアスリートならずとも、自分で自分を褒めたいと思うでしょう。人が自分を肯定しようとするとき、目標とする何かを成し遂げることができた、というのは大きな動機になるはずです。多くの少年たちが分数計算などで悩んでいるとき、分数の意味や通分の理由を理解しその計算ができるようになった、あるいは方程式を理解し、それが解けるようになったといううれしさは、その一番単純な原型となるのではないか、と私は考えています。確かに、数式の場合、少年たちは今までできなかったやや複雑な計算も、方法を学び練習することで、できるようになりました。それは彼らにある種の達成感を与え、計算ができたことのうれしさが彼らの中にあったことは間違いないと思います。

しかし、計算ができた、というくらいの単純な喜びは、彼らの人格的なプライドをそのまま

⑤　真ん中の穴を埋めるため、両辺にb^2を足して、

$$4ax(ax + b) + b^2 = b^2 - 4ac$$

左辺はこの正方形の「面積」だから、1辺 $2ax + b$ の2乗で、

⑥　$$(2ax + b)^2 = b^2 - 4ac$$

実は私の二次方程式の解の公式はこれでおしまいなのです。あとは両辺の平方根をとり、

⑦　$$2ax + b = \pm\sqrt{b^2 - 4ac}$$

これはxについての一次方程式だから、これをxについて解くと、

⑧　$$x = \frac{-b \pm\sqrt{b^2 - 4ac}}{2a}$$

という教科書の二次方程式の解の公式が出ます。大切なポイントはx^2=aという式が出てくれば、平方根の意味から両辺の平方根をとり、

$$x = \pm\sqrt{a}$$

となることです。

コラム4　二次方程式の解の公式について

二次方程式 $ax^2 + bx + c = 0$ の解の公式は、中学数学の頂点のひとつで高校数学の最初の関門です。普通は平方完成を使った方法で導きます。第I部では髙橋氏がこの方法で少年たちに二次方程式の解の公式を導く授業をしたことが紹介されています。

ここでは少し変わった面白い方法をお話ししましょう。

① 方程式 $ax^2 + bx + c = 0$ を c を移項して $ax^2 + bx = -c$ とする。

② 両辺に a をかけて、$a^2 x^2 + abx = -ac$ とする。

③ 左辺を変形して（ax でくくって）、$ax(ax + b) = -ac$ とする。

このとき、左辺は横 $ax + b$、縦 ax の長方形の「面積」と考えられることに注意する。この長方形の「面積」が $-ac$ なのだ、と考える。

この長方形4枚を敷き詰めて正方形を作る、つまり平方完成することを図で視覚的に考える。

ここで数学記号の抽象性が活躍します。それは、たとえaやbがマイナスの数であっても、積abを「抽象的な長方形の面積」と見なすということです。確かに「具体的な長方形の面積」だけを考えていると、長さや面積がマイナスになることはありません。しかし、ここでは「積を抽象的な長方形の面積」と見なせる数学の想像力が大切なのです。

④ 両辺を4倍して $4ax(ax+b) = -4ac$ とし、4枚の長方形を図のような正方形に並べる。長方形は横が $ax + b$、縦が ax だから、正方形の1辺は $ax + b + ax = 2ax + b$ となり、真ん中に b^2 の穴があく。

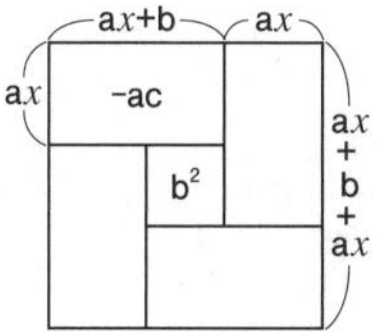

引き上げることにはなりませんでした。もちろん、何度も言うように、計算ができることはとても大切で、それが少年たちにできた！　といううれしさを与えたことは間違いありません。しかし、そのうれしさが少年たちのプライドを引き上げるためには、計算ができたことが数式の意味を理解することにつながっていかなければならない。単に計算ができるだけでなく、自分がしている計算がどんな意味を持っているのかが理解できたとき、本当に「できた」うれしさと「分かった！」という誇りが生まれるのです。数学にとって「分かった！」とは、今自分がしている計算の意味が分かったということなのです。私は数学教育者として、そのことは一通りは理解していたつもりでしたが、少年たちの学びを通じて、再度気づかされました。

遅まきながらそれに気がついた私は、ふたつ目の少年院の授業の中では、例えば二次関数の平方完成による標準化が機械的にできるだけではなく、その意味を考えることを大切にしました。数学のみならずすべての学びにとって、抽象的な意味の理解ができることこそが大切でした。頂点を平行移動することは、機械的な計算を暗記しようとすると結構間違える。しかし、それが二次関数の出発点を見直すことなのだ、つまり、新しい原点をどこにとるかの問題なのだ、と考えることで機械的変形の意味が分かってきます。ここには計算ができたという最初のうれしさを超えた、意味が分かったといううれしさがあります。同じことは、三角比の授業でも言えます。三角比の理解は難しい。それは比という考え方そのものが、高度に抽象的で、手触りのあるものと思えないからです。ここにも抽象的に考えることの難しさが顔を見せています。また、三角比の場合はあの「sin」「cos」「tan」という独特の記号が彼らの理解を妨げていることもあるようです。私たちがとった授業方針は、「sinθ」などを実際の長さを表す数値と考える、長さをこの記号で表すのだと考えることです。これは三角「比」という名前からすると、少し異質ではあるのですが、こうすることで少年たちは「sinθ」を手触りのあるものとして考えられます。三角比の理解と相似についての知識を組み合わせることで、少年たちは多くの問題が解けるようになりました。この授業のあと、三角比の意味が分かったという共通の理解が少年たちの間にできたことは、本当にうれしいことでした。多くの現場で三角比は実際に使われています。技術者の必須の知識といってもいいでしょう。ここでも、三角比の計算ができると同時に、自分たちが行っている計算の意味を理解することが決定的に大切でした。少年たちが高認試験合格後、就職し社会生活に復帰したとき、ここでの学びで得た理解が実生活で役立つことを心から願っています。

このように、自分の能力を信じること、信じられることは、少年たちにとって自分の将来を見据えることに他なりません。ここには矯正教育の大きな目標のひとつがあると思います。我田引水的に数学教育に引きつければ、数式の意味を理解し、計算できること、あるいは、数式を見て「あっ、これなら自分でも計算できる」と感じるのはまさに自分の能力を信じることです。さらに大切なことは、ただ計算できると思うだけでなく、実際に計算を実行することで結果を自分で確認できることです。結果が目に見えるのは、少年たちにとって励みになるでしょう。

少年院や刑務所は更生施設であり、本来は懲罰のための施設ではない、と私は考えます。特に少年院は、少年たちが心ならずも犯してしまった罪を反省し、社会に復帰するための準備をする更生施設で、決して刑罰の機関ではないはずです。これについては、詳しくは村尾氏の第Ⅲ部をお読みください。

少年たちが社会に出るために身につけるべき知識、技能、態度はいろいろあります。それらを通して、自分にもできることがある、自分もこの社会で必要とされる人間だ、という実感を持つこと、これが少年更生の最初の一歩であり、また、最後の一歩です。法務教官はこの仕事に意義を感じ、少年の更生のため、また、少年たちが少年院で日常的に接する数少ない大人として、彼らと生活を共にしています。ここには、学校教育とは違うが、まぎれもない教育があります。

少しおかしな話ですが、少年院に入ったからこそ受けられたとても大切な教育がここにあるのです。その中で、教科教育、なかんずく、数学教育が果たせる役割はそう大きくはないでしょう。しかし、十年近く彼らに数学を教えてきて、最初、「一体、この人たちは何しにここに来たんだろう」という態度で私たちの授業を受けていた少年たちが、数学が分かり、計算ができるようになって、陳腐な言葉ですが、目の色が変わる。この場ではどんな質問でも受け入れてもらえると分かると、私たちと数学について問答ができるようになる。これはデータには現れないのかもしれませんが、彼らがある種の自信をとり戻した証ではないでしょうか。数学が分かることで、彼らの中に、知る喜びや学ぶことの大切さが芽生えます。それは彼らの更生について、とても大切な役目を果たすに違いない、と私は思います。「こんなことも分からないのか」というのは教育での最大の禁句です。

少年院での教育の特殊性の確認

少年院での教科教育はまぎれもなくもうひとつの教育です。ただ、少年院という特殊な環境で行われる教育なので、学校教育に比べていくつか考慮しなければならない条件がある。ひとつは一斉入学ではないこと。途中から施設に入ってくる少年たちも、抵抗なく参加できるカリキュラムを作っておく必要があります。また、在院期間は一年ほどのことが多く（状況によっては延長される）、その中で一応の結論が得られるように授業を組んでおくことが望ましい。重要教材に限って重点的に教えることは少年院での教科教育の課題だと思います。その意味でも、一次方程式と二次関数にしぼった数学教育は、矯正教育での数学教育を考えていく上で、重要な視点を提供できたと思います。

また、少年院では、グループ学習は難しい。それは少年たちの院内での相互連絡が少年たちに悪影響を及ぼす恐れがあるからのようです。ですから、教室内での少年と少年との対話は、少年と教官、そしてその教官と少年という、教官を挟んでの間接的な対話にならざるを得ない。これは個別授業とグループ授業の折衷案のようなものです。しかし、たとえ教官との個別対話であっても、その教室内のすべての少年との対話に還元できるような指導は可能だった、これは私の少年院での教育で得た実感でもあります。ひとりの少年のミスを他の少年も共有し、同じミスをした者はした者で、また、そこは分かっていた少年はそれなりに、理解を深めていく。これは学校教育でも同じ、教育の本質的な部分だと思います。

法務教官と教科教育の関係

中学、高校での教科教育は専門の教員が各教科を担当します。少年院での教科教育も、本来はその教科の教員資格を持っている法務教官が担当することが望ましいのですが、いろいろな条件が重なり、他教科の教員免許を持つ法務教官が、数学教育を担当することも多いようです。理系出身の法務教官は中学、高校程度の数学なら十分教えることができるだけの数学の知識を備えているでしょう。大学院で数学を専攻した法務教官の方もいました。しかし、数学の知識があることと、実際に中学、高校生に数学を教えられることは違います。教育には教育特有の難しさがある。

そこを理解した上で、今後、教科教育を法務教官も含め誰がどう担っていくのかを考える必要があります。学校教育から疎外され、教育について不信感を持っている少年も大勢いると思われます。教育に対する少年たちの不信感を払拭し、少年たちの理解者となり同伴者となっている大勢の法務教官を私たちは見てきました。この人材をさらに確保していくことが大切です。また、外部講師も、単に数学の教員であるだけでなく、矯正教育の特殊性を十分理解した上で、知識の詰め込みにならないような教育ができる人材をお願いする必要があるでしょう。

私たちが最初の少年院で接した法務教官の方々は、いわば長期間の教育実習を受けたようなものでした。特にその中のひとりは、関東管区の少年院、刑務所の関係者が集まる研究集会で、少年たちに一次方程式の授業を行い、参加者はそれを参観しました。公開授業後の研究会では、参加した大学の数学教員の方からも、その方の授業を高く評価する言葉を頂きました。法務教官は大変だったと思いますが、長い期間にわたって「教育実習」をしてきた甲斐《かい》があったと、とてもうれしく思いました。やはり、実際の指導を経験することはとても大切です。

まとめにかえて

以上三章にわたって、私の矯正教育のささやかな経験を踏まえて、数学、数学教育について、また、数学が矯正教育の中で果たせる役割についてお話ししてきました。

多くの人や、あるいは現在数学を学んでいる少年たちにとって、数学を学ぶことの有用性はなかなか実感しづらいと思います。それは今までに述べてきたような、数学の学問としての特徴が大きく影響しているのだと思います。まして、学校教育から疎外され続けてきた多くの少年院の少年たちにとっては、数学を学ぶことの有用性を実感することは難しいでしょう。しかし、学校教育から疎外されてきたことが、逆に彼らの学びへの憧れのようなものをより掻き立ててきたことも確かなようです。小学校算数のやり直しではない、きちんとした数学を学びたい、方程式とは何なのかを知りたい、そうした少年たちに、学びの有用性とは買い物の役に立つだけではないのだ、学びそのものが人が生きていく上でとても大切で役立つことなのだ、という視座を提供したいと思います。また、学ぶこと、新しいことを知ることは、それだけで楽しくかつうれしいことなのだ、学びとは本来そのような営みなのです。その上に立って、数学に限らず、すべての教科の新しい学びを提供することが、矯正教育という一般にはあまり知られていない、もうひとつの教育現場では大切だと痛感します。

数学に限って言えば、今までは、何となく理由も分からずに無理やり覚えさせられてきた分数や計算の知識、何の役に立つのか分からず、すぐに捨て去られてしまった内容、例えば二次方程式の解の公式が、もう一度はっきりと理由を理解した上で自分の中にしかるべき地位を占める。それは少年院の少年たちにとって新鮮な経験だったのではないか。そして、その経験こそが学びの本質であり、そこに数学と限らず、学ぶことの真の意味での有用性がある。学校教育から逃避し、あるいは逃避させられた彼らにとって、少年院という矯正教育の場で数学や他の学問の教育と再会し、そこで学び直していくことの喜びこそが、少年たちを社会復帰させていく大きな力になると思います。

本来なら、このような少年たちを生み出さないような学校教育が必要なのです。しかし、残念なことに、現実には何%かの子どもたちが、学校教育になじめず疎外されていきます。夜間中学やフリースクール、通信制教育と、教育は少しずつではありますが、多様性を獲得し、学びの場を広げてきました。少年院での矯正教育がそのような多様性の一翼を担うことができればいいと、心から思います。

註

第二章

（1）「記号がなければ、われわれが概念的に思考することもほとんどないだろう。つまり、異なってはいるが、同じような事物に同じ記号をあてがうことによって、われわれが実際に表記するのは、もはや個々の事物ではなく、それらに共通なもの、すなわち、概念である。そして概念は、それを表記することによって、はじめて獲得されるものである」（『フレーゲ著作集1　概念記法』勁草書房、一九九九年、203ページ）。

参考文献

野﨑昭弘『算数・数学の基本常識　大切なのは数学的センス』日本評論社、二〇二一年
瀬山士郎『数学　想像力の科学』岩波科学ライブラリー、二〇一四年
髙橋一雄『語りかける中学数学』ベレ出版、二〇二一年
武内謙治『少年法講義』日本評論社、二〇一五年
内田博文『法に触れた少年の未来のために』みすず書房、二〇一八年
宮口幸治『ケーキの切れない非行少年たち』新潮新書、二〇一九年

宮口幸治『どうしても頑張れない人たち　ケーキの切れない非行少年たち2』新潮新書、二〇二一年
廣瀬健二『少年法入門』岩波新書、二〇二一年
片山徒有他編『18・19歳非行少年は、厳罰化で立ち直れるか』現代人文社、二〇二一年
広田照幸・後藤弘子編『少年院教育はどのように行われているか　調査からみえてくるもの』矯正協会、二〇一三年
林和治他『少年院における矯正教育の現在』矯正協会、二〇〇九年
法務省矯正局編『新しい少年院法と少年鑑別所法』矯正協会、二〇一四年
法務省矯正局編『子ども・若者が変わるとき　育ち・立ち直りを支え導く少年院・少年鑑別所の実践』矯正協会、二〇一八年
瀬山士郎「『数学って面白いですね！』――少年院で数学を教える」日本数学協会編『数学文化』第三十一号、二〇一九年二月

第Ⅲ部

「矯正教育の意義」および「少年の姿と現場の苦悩」

村尾博司

第一章　少年院とは

少年院の少年たちの素顔

非行少年と言えば、かつては、眉毛を剃《そ》り落とし、斜に構えて暗がりの中でこちらをにらみながら人を寄せつけない風貌を持つ、得体の知れない「モンスター」として描かれてきたのではないでしょうか。実際、家庭裁判所に事件が送られた者のうち、少年院の門をくぐるのは約3・6％（二〇一九年）という狭き門です。入院して間もない少年たちにオリエンテーションをする際、「君たちは東大に入るよりも難しい関門をくぐってきたのだよ」と切り出すと、引きつった笑みを浮かべるのが常でした。そう、望んだ場所ではないのです。入院してすぐに丸刈りとされた彼らは、どこか頼りなげな面持ちの一休さんのようで、指導する教官をこわごわと下から見上げる者が多いのです。地元から引き離され、ハリネズミのように強がって身体を張ってきたこともあるのでしょうか。

二〇二〇年度『犯罪白書』によると、家庭裁判所に事件が送られた非行少年のうち、少年鑑別所に身柄を収容される者は約12％、少年鑑別所において少年審判までの孤独な時間を過ごす彼らは、重くなった心の鎧《よろい》を徐々に外していきます。精一杯強がっている表情とは真逆な素顔を見せてくることになります。

一方で、複雑な生い立ちを経た彼らの大人に対する不信感の深さは想像を超えるものがあります。しかし、後に述べるように、少年院に入院してからの彼らは、出院まで指導してくれる法務教官(1)（以下「教官」という）をはじめとする大人との信頼関係が築かれていくことによって、気弱な心情を正直に言い表すことができるようになります。そして「人を信じてもよいのかもしれない」とポツリポツリと語り始め、温かい眼差しを向けてきます。ここで、ある十五歳の中学生の少年が出院する日に職員の前で話してくれたお礼の言葉を紹介します。「ここに来て初めて大人の本気に出会え、初めて愛を知り、十五年間の中で一番幸せでした」と。少年をして「愛を知り」と言わしめたこの言葉には、少年院の教官が情熱を持って少年の更生に心血を注いできたことが象徴的に示されています。

二〇一八年九月に政府広報室が実施した「再犯防止対策に関する世論調査」によると、非行や犯罪をした人の立ち直りに対して、協力したいと「思う」が54％、「思わない」が41％と、あまり差はありません。「思わない」の主な理由はつぎの通りです。「どのように接すればよいかかわりを持ちたくない」（43％）、「自分や家族の身に何か起きないか不安」（45％）、「具体的なイメージがわかない」（25％）などです。少年院という壁によって、非行少年の素顔が見えにくいのはしごく当たり前かもしれません。

ですが、三十六年間彼らと接してきた私から見れば、「非行」という仮面の下には、生きづらさを抱えた自尊感情の低い少年たちがおり、「大人は信じられない」という言葉の裏側に愛情に飢えた心情を抱えていること、「頭が悪いから」と繰り返す彼らの本音には、学びへの渇望があることを知っています。また、過ちを犯した彼らは、加害者である前に社会によって生み出された被害者的側面があり、率直に「助けてください」というＳＯＳを出すことができない不器用な生き方しかしてこれなかったのです。

私には、少年たちと付き合ってきて変わらない気持ちがあります。彼らは、モンスターではなく、ごく普通の若者であるということです。一歩間違えれば、自分も同じ運命をたどったかもしれない。心の内側の扉を開いてくれて、その向こう側にある彼らの気持ちに触れると、自分と同じ連続性の上で生きていることを感じます。私は、本書を通じて、彼らの等身大の実像をきちんと知ってもらいたい。それがきっかけとなって、先の世論調査結果で示された漠然とした不安感を超えて、立ち直りのための手を差し伸べてくれる人がひとりでも増えることを願っています。

心の壁で見えにくい非行少年

私が少年院に勤務を始めた一九八三年頃は、非行の戦後第三のピークと呼ばれ、校内暴力、シンナー、暴走族の全盛期であり、地元を中心に徒党を組んで大人に反抗するエネルギーの高い少年が多く、少年院はまさに芋を洗うがごとく満員御礼の状態でした。一九九七年の神戸の「少年A」の事件に端を発したように、二〇〇〇年代に入ると社会に衝撃を与える少年事件が続き、入院者の多さに寝かせる場所を確保することにもひと苦労したものでした。この時期は、厳罰化の世論を受けて家庭裁判所による少年院送致の件数が増えました。中には、非行の根深さをさほど感じさせない、社会での立ち直りが可能な少年もいたような印象があります。ある意味、学校や地域において非行少年が身近に感じられた時代です。

一方で、集団生活から突然に外れて単独室に駆け込み、どうしたいのか自分の気持ちを上手に表現できない、理解に苦しむような少年も登場してきました。今ならば、自閉的傾向を特徴とした発達障害を抱えた少年であると見立てることができます。しかし、私を含め当時の教官たちは「わけの分からない子」だと、ただただ戸惑っていました。そのように慌ただしかった少年院でしたが、地域の方々を招いての盆踊りや運動会、そして社会に出向いての奉仕活動(2)などが活発に行われていました。地域の方々にとっても「顔の見える」少年院が確かに存在していたのです。

ところが、二〇一〇年前後になると、非行の質に明らかな変化が見られるようになりました。大集団から小集団、そして個人を中心とした非行が主流となり、非行の周辺には、陰湿ないじめや不登校・引きこもりといった青少年の本音が見えにくい状況が現れてきました。集団生活に馴染めず、課業を拒否して単独室に引きこもってしまう、手のかかる少年が増えてきました。その多くは発達障害を抱えた少年たちです。

背景のひとつには、SNSの普及によるコミュニケーションの形の変化がありました。やり場のないエネルギーが充満し、爆音とともに発散を繰り返す暴走族に代表される厳しい上下関係やカンパのようなしきたりを敬遠する若者が増えてきたのです。また、危険を冒してまで集団に同調し、警察などに抵抗することも避けるようになりました。むしろ、現場にわざわざ出向かなくとも、SNS上で労力をかけずに即反応ができたり、あるいは無視を決め込んだりと、SNSを使って簡単に目立つことができるお手軽な時代となりました。とりわけ、最近の特殊詐欺に加担した少年たちは、主犯格である成人の加害者の顔を知らないまま携帯で指示され、縁もゆかりもない老人を被害者にし、逮捕されると「運が悪かっただけ」と述べるなど、罪の意識の低さに驚かされます。まさに、非行少年同士が面と向かってしのぎを削った時代は去り、非接触型の顔の見えにくい現代型非行の到来です。

こうして、青少年事件が特異なものとしてマスコミなどでとり上げられます。一方で、体感治安という言葉に象徴されるように、犯罪心理学者である浜井浩一氏の言葉を借りれば、顔の見えない希薄な人間関係を背景に、自分の知らない人は不審者となり、他人を容易に信用しない社会の雰囲気が徐々に作られてきています。そうした社会では、過ちを犯す人は、自分たち普通の人と異なる「普通でない人」となり、排除の対象となるのです。そうして青少年層の間に分離・分断が静かに進み、地域において非行少年の存在感が薄くなり、ますます見えづらい人たちとなってしまったようです。

数年前の現職の頃、大学へ法務教官採用試験の広報に出向いたときのことです。「非行少年ってどういった人たちなんですか」と大真面目に質問してくる、非行少年たちと同世代の学生がいました。少年院においても、少年たちを施設外で活動させる範囲を徐々に狭めてゆき、物理的壁と相まって心理的壁も高くなっていきます。「地域社会に理解される矯正」を目指しているはずの少年院ですが、地域との顔の見える関係も薄れてきているのが現状です。私見ですが、安心・安全を謳《うた》う防犯意識が強まる一方で、個人情報の保護や人権意識が強調されることで、お互いの心理的垣根が高くなり、「できれば関わりたくない」という非行少年のモンスター像がふくらんできているようにも感じられます。

少年院は甘やかしの場なのか

非行少年は悪いことをしてきたのに、少年院は甘やかしの場となっているのではないのか、という批判があります。実は、懲罰という犯罪者の自己責任を前提とした刑事施設（刑務所・少年刑務所・拘置所の総称）と比べると、少年院をはじめとする少年事件のとり扱いにおいては、手厚いけれども決して甘くはない環境が用意されているのです。その説明をする前に、少年院と刑事施設の基本的違いを確認しておきましょう。

少年院は、原則おおむね十二歳以上二十歳未満の少年で、非行をなした対象者に家庭裁判所が保護処分の決定を下し、その身柄を収容する矯正施設です。保護処分においては、非行の事実と再犯の危険性があるかどうか、というふたつの視点から施設に収容するべきかどうかが決められます。少年院送致となった場合、少年院の種類（第二章参照）が決められて入院します。収容期間については、不定期が原則ですが、おおむね十一ヶ月を標準とし、重大な事件によってはそれを超える長期の勧告がつく場合もあります。社会復帰までの期間は、少年の改善度合いによって短くも長くもなります。なお、施設を出院して社会復帰する際、二十歳未満の場合には、帰住する先で指名された保護司による保護観察の指導を受けます。また、社会内での立ち直りが期待され、在宅のまま保護観察の処分となった場合においても、同様に保護司の指導を受けます。いずれにしても未成年である限り、途切れることのない支援を受けることになるのです。

一方、刑事施設は、原則二十歳以上の成人を対象に、地方裁判所の判決によって刑事処分の決定が下り、主に受刑者を収容する施設です。刑期は、定期が原則であり、刑法に定めた刑罰に基づき懲役などの期間が決まります。主に、刑務作業を課せられる懲役と、刑務作業を課せられないまま身柄を拘束される禁錮に分かれています。刑に服する態度が良好と判断された場合には、刑期満了前に刑務所から一定の条件の下に釈放され、社会生活を営みながら残りの刑期を過ごすことが許される保護観察付きの仮釈放という制度もあります。ちなみに、そこで働く職員は、刑務官（看守は役割名）です。

それでは、少年院対象者はどういった教育を受けるのでしょうか。少年たちには、入院から出院までの間、個別担任がついて、つぎのような個別的指導を受けます。まず、事件の反省や非行に至った自分の問題点と向き合うための指導。もちろん、「被害者の視点をとり入れた教育」も含まれます。併せて、健全な考え方や態度を身につけさせることに必要なしつけの指導。加えて、社会復帰後の生活設計を具体化させるための指導など、指導者との信頼関係をもとに密度の濃い教育を受けます。更生に向けた反省の深まりと努力が足りないと判断されたり、規律違反を起こして懲戒処分を受けることになれば、その期間は延長されます。あくまで、個人の特性を踏まえつつ取り組み状況を厳しくかつ公平に審査されるのです。

刑事施設、とりわけ刑務所においては、自ら犯した罪を償うために刑に服するわけですが、主に刑務作業に従事します。作業のない日には、犯罪の種類ごとに改善指導(3)を受けることが義務となっています。厳しい規律があり、懲罰を受けると、仮釈放審査への影響はありますが、最初から決まっている刑期が延びることはありません。出所すると、仮釈放の場合には保護観察がつきますが、刑期満了の場合は、原則、特別な支援はありません。また、身柄の拘束を伴わない不起訴や微罪による罰金などで処分される場合は、それで自由の身となり、自己責任のもとで生活していくことになり、その後の支援はなくなります。

以上、まとめると、少年院は教育を受ける施設であり、収容期間は不定期、出院後も保護観察を受けることになります。一方、刑事施設は罪を償うための施設であり、作業と改善指導が課せられ、収容期間は定期、出所以降、仮釈放を除くと保護観察は受けないのが特徴です。少年事件の根拠となっている少年法について理解を深めたい方は、元裁判官である廣瀬健二氏の『少年法入門』をご覧ください。

育て直しと甦《よみがえ》りの場所

二〇一五年一一月から二〇一六年一月まで全国の少年院に在院していた少年に対する虐待の

研究調査が行われました。(4)それによると、少年院在院者のうち、被虐待経験のある人が約60%、家族以外の第三者からの被害体験のある人が約80%、特に女子少年においては、被虐待体験が約70%、第三者からの被害体験が90%という深刻な数字が出ています。また、当時その体験を話すことができた人は、男子で55%、女子で80%でした。話した相手は「友達」が60%であり、子どもたちの間で共有されても大人につながらず、その結果早期に被害が発見されなかった可能性がある、ということでした。

つまり、非行少年たちは、家庭での虐待や貧困などのさまざまな事情により、安全で安心な居場所を持てずに孤立感を深めていきます。適切な助けや支援を受けないまま、それが生きづらさとなって精神的に苦しむ状況に置かれてきました。当然ながら、しつけも不十分なまま年齢にふさわしい考えや態度を身につけることができずに生きてきました。その辛さから逃れ、生き延びるために、非行という不適切な行動に走り、不良仲間などから認められることでしか自分の存在を確かめることができなかったのです。入院直後の大柄少年Aくんのエピソードを紹介します。ある日、小学校へあがる前のAくんはお母さんからドライブに行こうと誘われました。前の座席にはふたつ上のお姉さんがいました。山道深く進んだときです。Aくんは車から降ろされ、お母さんからここで待っているよう言われます。姉を乗せたまま車が走り去る。Aくんは呆然《ぼうぜん》として途方に暮れました。しばらくして、お母さんの車が戻ってきました。ホッとしたと同時に、自分は一度捨てられたのではないかという気持ちをずっと抱えていくことになりました。少年たちの大人に対する不信感には、こうした育ちの過程での癒えない心の傷があるのです。

少年院では、それを承知の上で育て直しをします。教官は、まず、苦しみや悲しみという心の傷を抱えた少年たちを丸ごと受け止めます。丸ごと受け止めるとは、決して甘やかすことではなく、心の傷を負った彼らの気持ちに耳を澄ませるのです。併せて、少年の心の成長を慎重に見極めながら、自身の非行によって与えた被害者の傷について考えを深めさせます。これは「被害者の視点をとり入れた教育」というものです。非行少年は自ら受けた過去の被害感にとらわれて、他者の気持ちを感じとることが苦手な人が多いため、この振り返りの作業はとても厳しいものがあります。内省が深まるにつれ、「自分は幸せになってはいけないんだ」という自己否定に陥ることがままあります。しかし、どんな事情があろうと、自らの過ちを正当化したり消し去ることはできないこと、心からの反省のために被害者の心の痛みを想像しながら理解すること、同じ過ちを繰り返さないために決して逃げ出さず、真剣に生き直しをする決意を固めることなど、教官が繰り返し助言しながら謝罪と償いについて考えを深めさせます。被害者の視点から自分の行為を客観的に見る作業は、自分本位に生きてきたことを振り返るよい機会でもあります。他者の気持ちになって内省を深めてみる大切な心の訓練と言えます。(5)

この粘り強いやり取りがあるからこそ、先に紹介した十五歳の少年の言葉につながります。

初めて本気で向き合ってくれた教官が、彼らのこわばった心を柔らかく受け止めます。親に代わって厳しく育て直しをするのです。多くの教官は、こう言います。「少年院の教育は、あくまで変わるきっかけを与えるに過ぎません。本人がその気になって変わろうと覚悟を決めるからこそ、生き直すことができるのです」と。「更生」とは、「更正」のように外から強制的に正されるのではなく、自らを質《ただ》し、未来に向かって生き直しをする「甦り」の過程を指すと言えるのです。

支えなくして自立なし

再非行させないためには、しっかり反省させ、健全な社会人として自立させることが大事であることは言うまでもありません。しかし、残念ながら、反省イコール自立という単純な図式にはならないのです。

入院したての彼らに共通した特徴として、自尊感情と自己効力感の低さが挙げられます。まず、自尊感情ですが、自分のよいところも悪いところもあるがまま受け入れ、自分を大切な存在として肯定できる感情です。言い換えれば、無理なく自然に「このままでいい」と思える感情です。実際の少年たちは、前述したような虐待や貧困などの家庭の問題を背景に、果たしてこの世に生まれてきてよかったのだろうか、と常に不安が頭をよぎります。そして、絶えず足元がぐらつき、あるがままの自分を肯定できない自尊感情の低さがあるのです。

つぎに、自己効力感ですが、他者から褒められたり、認められたり、成功体験を積んだりすることによって「自信がある」という感情です。言い換えれば、物事に挑戦する際のやればできる感です。現実の少年たちは、学校生活においては、早々と学力面で壁にぶつかり、ダメだしを受け続ける。「どうせバカだから、努力しても無理」と投げやりになって取り組む前から諦め、自己効力感を持ちえないのです。

しかし、本気で向き合いながら丸ごと受け止めてくれる教官とのぶつかり合いの中で、自尊感情が育っていきます。そして、規則正しい生活のもと、当たり前のことをコツコツ努力して得られる小さな成功体験。それを重ねることで、学ぶ意欲が回復し、自己効力感も高めることができるのです。自立への道のりは、こうした自尊感情の回復と自己効力感の獲得が生き直しの起点となります。

そして、本人を理解し支えてくれる身近な大人の存在が安心感を生み、踏み出す勇気を得ます。たとえるなら、初めて自転車に乗るとき、後ろの荷台をさりげなく持ちながら一緒に走り、タイミングを見計らってそっと手を放してくれる大人の存在です。そのモデルとして、教官をはじめ少年院の教育を支援してくれている民間ボランティア(6)がいます。安心して人に依存することを知り、思いどおりにならないとすぐにあふれてしまいがちな感情をコントロールできる自律心が徐々に培われます。そして自立への歩みを始めるのです。最初から反省しなさいと強調しすぎると、自分が責められているという気持ちに陥り、「これ以上踏み込まないで」と心を閉ざして自分を卑下します。また、「何をやっても無理だから」と挑戦する機会も逃しかねません。反省はこらしめの手段ではないのです。

それでは、次章で、少年院の教育について詳しく見ていきましょう。

第二章　少年院でどういった教育がなされているか

非行の背景にある「生活習慣病」への対処

非行の背景には、昼夜逆転の生活、孤食、不良交友、怠学や不就労など、不安定な生活が共通しています。本人が選んだ結果とはいえ、最初から好んで選んだわけではありません。例えば、少年院の食育教育において、家庭での食事場面を絵に描かせると、不良仲間とコンビニの前で一見楽しそうにカップ麺を食べている場面を描くことがあります。一方では、家族団欒《だんらん》の風景とはかけ離れた寒々しい孤食の風景場面も少なくありません。仕事で忙しい親とは食事の時間もすれ違い。食卓にお金が置かれ、多くの者は一日一食程度の寂しい毎日です。家庭が「行ってきます」そして「ただいま」という安全基地とはならず、心の居場所を不良仲間に求め、いつしか夜の街を歩き回り孤独をまぎらわせる日々が続くのです。

かつて暴走族経験者に「一番楽しかったときはいつ？」と尋ねたことがあります。彼は、

「暴走が終わって戻った仲間の家で彼女とともに鍋を囲んだとき」と述べていました。家庭的温《ぬく》もりを求めているのです。また、「学校生活で一番悲しかったときはいつ?」と尋ねたとき、ある少年は「授業には出席できず、放課後、グラウンドでサッカーゴールにぶら下がって部活を見ていたとき、顧問の先生から何をしに学校へ来たんだ、校門の外に出ろと言われ、思わず先生の胸倉をつかんだとき」と述べていました。授業についていけずに学校生活からはみ出しても学校の隅に居場所を求め、しかしそれすらかなわない寂しい情景が浮かんできます。

こうしたエピソードからも想像できますが、家庭や学校という楽しいはずの場から離れ、不規則で不安定な生活が当たり前となり、心身の健康状態も知らず知らずのうちに悪化します。入院して間もない頃、強がっている彼らが持久走をしている途中で足を止め、半べそをかく姿をよく見かけます。自分の体力・気力のなさを思い知るのです。不健康な生活の中で身につけた、いい加減な生活態度を「生活習慣病」になぞらえた院長がいました。悪いと分かっていながらもやめられない偏った食生活、ルーズな起居動作、汗をかくことを避ける態度など、それらを改めることから少年院生活が始まります。最初は苦痛であっても、それが当たり前となっていきます。リズムある生活を一ヶ月ほど続ける頃、鳥の鳴き声で目を覚まし、自然と身体を動かして掃除をし、ご飯をおいしく頂く。大きな号令をかけながらのランニングも苦にならなくなり、回復してきた健康な自分を快く感じるのです。まさに、教育を受ける下地づくりは、悪《あ》しき生活習慣を改めることからスタートするのです。

全人格教育としての矯正教育

少年院で行われている教育を矯正教育といいます。少年院法第二十三条にその目的は「在院者の犯罪的傾向を矯正し、並びに在院者に対し、健全な心身を培わせ、社会生活に適応するのに必要な知識及び能力を習得させること」だと示されています。ここでの目的のひとつである健全育成は大切な原理です。それを実現するために、重点的に働き掛ける対象は、人格と人間性にあると考えます。人格を骨格にたとえるなら、その人格をくるむのが人間性でしょう。人格は、ものの考え方に、人間性は、感じ方によく現れるといってよいと思います。つまり、少年たちが入院前に抱いていたものの考え方と感じ方に、好ましい変化を与えるのです。

ところで、皆さん。「性格」と「人格」の違いは分かりますか。心理学上の定義によると、「性格」は、その人が生まれたときから持っている資質であり遺伝的なものです。「人格」は、生まれたあとの育った環境によって培われたものとされています。性格が先天的要素であり、人格が後天的要素だと言えます。つまり、人格は環境に影響を受けるとともに、教育によって形作られるのです。ここでは、人格と人間性をまとめて全人格と表現します。

教官は、二十四時間、夜勤をしながら彼らを見守り続ける夜回り先生です。教官は、少年たちに悪しき生活習慣によって身についてしまった自己中心的な言動、偏った対人関係の持ち方、学業や仕事に対する不健全な価値観や態度について、徹底的に振り返らせ、そのずれた考えや態度に気づかせます。社会で通用できるような人間関係を持てるよう、もやもやした気持ちを言葉という形で適切に表現できるよう、繰り返し指導を続けます。他者の気持ちを察することが苦手な少年にとって、こうした自分の弱さと向き合う作業はきついものです。つまり、矯正教育の目的は、歪《ゆが》んでしまった人格を修正するとともに、共感性や受容性を含んだ人間性を回復することにあるとも言え、端的には、全人格教育なのです。

私が自戒していることがあります。矯正教育の意味合いについてです。矯正教育には、非行や犯罪をした者の誤った行動を正しく導くという意味合いが込められています。しかし、「角を矯《た》めて牛を殺す」ということわざがありますが、小さな欠点を直そうとするあまり、全体(全人格)を台なしにするようなリスクには気をつけたいと心に刻んで仕事をしてきました。

では、矯正教育の具体的内容を見ていきましょう。

矯正教育という家の構造——ひとつの土台と四つの柱

まず、矯正教育を概観します。少年院は、少年の犯罪的傾向の進み具合、年齢および心身の状況などに応じて、第一種から第四種までの種類に分かれます。全国には、非行の質、年齢を含めた発達程度および資質などの特性に応じた十六の矯正教育課程を複数持つ特色ある少年院が四十七ヶ所配置されています（二〇二一年度現在）。

矯正教育の枠組みですが、施設ごとに矯正教育課程が作られ、教育の内容や方法および標準的教育期間などが定められています。対象者ごとに個人別矯正教育計画というカルテが用意されます。重点的に受ける教育内容とその方法が書き込まれており、それに基づいて、本人の努力目標が示され、本人にかみ砕いて説明をします。個別担任が、その目標に対する本人の改善度合いについて定期的に評価案を作ります。複数の検討会議を経て、処遇審査会[1]で最終的な成績が決まります。この改善度合いに応じて、処遇段階である三級から二級を経て、最高段階の一級に進みます。これを進級と呼びます。定期的に進級式が行われ、全員の前で進級した人の名前が呼ばれるか、進級できずに名前を呼ばれないのかが少年たちの一番の関心事です。式の最後に講話する機会があります。進級はうれしいけれど学びは少ない。失敗からこそ学びは多いのだと切り出すことにしていました。また、進級式のあと、個別担任から成績の告知がありま す。進級した人は、社会復帰が近くなることでさらに気を引き締めるよう促されます。進級保留の人は取り組みにおいて何が足りなかったのか、丁寧に説明を受け、ピンチをチャンスに変えていくよう励まされるのです。

つぎに、矯正教育の構造を見ていきます。家にたとえるなら、つぎのようなものです。

まず、家の土台として生活指導があります。大きく、個別指導と集団指導に分かれます。前者には、日記、作文、面接、内省指導などによって、非行に至った自分の問題点や自身の責任の重さについてじっくり気づきを促します。また、被害者や遺族に与えた心の痛みについても具体的に想像させながら償いの在り方を考えさせます。後者は、原則、集団寮に所属して共同生活を行い、給食・衛生・体育・文化などの係活動や共同室の室長の役割などを経験します。いろいろな役割を務める訓練を通じて、他者を気遣うことや責任ある行動がとれるようにします。自分勝手に生活してきた少年たちは、対人関係に悩むことが多く、格好の人生修行の場となります。学校の生徒指導のような限定した場面の働き掛けとは異なり、少年院生活のあらゆる場面をとらえて行われる生活指導は、まさに矯正教育のゆるがせにできない土台なのです。

つぎに、四つの柱となる教科・職業・体育・特別活動の指導があります。各指導について簡単に見ていきます。

ひとつ目の教科指導ですが、基礎学力を身につけることを目的としています。学力の遅れはまちまちであり、軽度知的障害や読み書き計算などの一部がうまくできない学習障害を抱えた少年もいますが、大半の者は、早々と学校生活に見切りをつけられた、学習の訓練が不足している者です。小学四年生の壁にぶつかる者、気分一新、中学に入学して宇宙語のような英語と出会い机に突っ伏す者、そしてとりあえず高校に進学し早々と目標がないまま中退する者など、

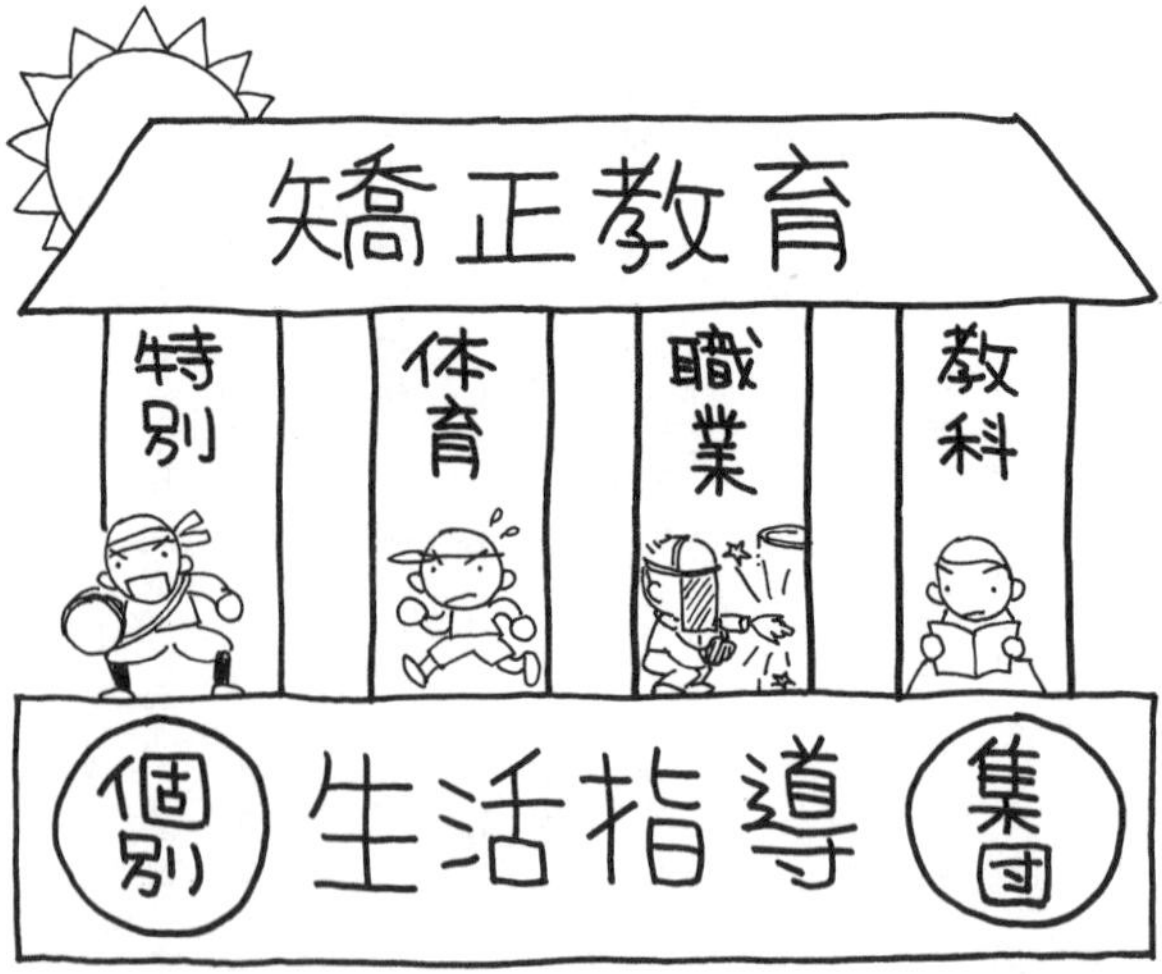

学びの動機づけを持てなかった過去があります。しかし、第三章で述べますが、学歴以上に潜在的に高い能力を持つ者も少なからずおります。少年院の強みは、決められた日課、計画的な授業、集中できる学習環境にあります。いずれにしても、出院後、進学しようが、仕事をしようが、武器としての学力は必要となります。

ふたつ目の職業指導ですが、基本的な知識、技術を身につけることを目的としています。彼らの大半は中学校卒業後か高校中退後に仕事をした経験はありますが、仕事は長続きせず、ギネスブック並みの転職回数や短い就労期間の経歴を持つ者もいます。自動車修理工場を三日で辞めたある少年に理由を聞くと、工具の名前が覚えられず頭ごなしに叱られ、頭にきてかっとなって工具を投げつけてしまったからと述べていました。また、土木の仕事を辞めた少年は、給料の不払いが続き、遠慮がちに上司に不満を述べると、パワーショベルのバケット（先端につけられた土を掘る部品）に無理やり乗せられ、ぐるぐると目が回る空中飛行を体験し、怖くて辞めたと話していました。仕事に最低限必要な知識としての言葉を知る、いざというときに人との柔軟な対応ができる、理不尽な労働条件下で我慢を強いられないような仕事の探し方を覚えるなど、自立に必要な賢い働き方について学ぶ指導があります。また、額に汗して働く実習が用意され、将来の生活設計を見すえた資格を複数とる機会も用意してあります。

三つ目の体育指導ですが、基礎体力の向上を通して忍耐力を養わせることを目的にしています。毎日運動の機会があります。入院前のひ弱な自分を卒業し、健康体となることの大切さを実感させます。また、目や耳を通して調和のとれた運動をすることが苦手な少年も少なからずいます。そのため、自分の身体を楽しくコントロールできる種目や季節ごとのスポーツ大会が用意されています。また、地域のプロスポーツクラブの協力を得て、プロの指導を直接受ける機会も増えてきています。群馬県の少年院では、パラリンピックに出場した視覚障がい者ランナー（以下「ブラインドランナー」という）を招いての伴走体験教室があったことが報じられていました（「朝日新聞」二〇二二年八月二七日夕刊）。

四つ目の特別活動指導ですが、共感性や協調性を高めることを目的としています。年間を通じて、少年院ごとに伝統行事や地域に開かれたさまざまな教育行事があり、生き生きとした交流がはかられています。例えば、沖縄の少年院では太鼓や三線《さんしん》を使いながら踊るエイサーという伝統的踊りを運動会で披露するのが恒例となっています。そうした技術を磨くことが、社会復帰後、地元の青年会活動に溶け込むきっかけにもなっています。また、岩手の少年院では故郷が生んだ文学者・宮沢賢治にちなんだ賢治祭という秋の文化祭があります。寮ごとに教官が秘密裏にオリジナルの脚本を競って作り、課業の隙間を使って創作劇を準備します。途中、規律違反者を出して準備が滞る場面も見られますが、同じ目標に向かって本気で協力し合う体験を共有します。当日本番は、地域の方々をたくさんお招きしての披露で大きな感動が湧き起こります。学校生活でことごとく場外であった彼らにとって、忘れることのできない感動体験となります。観《み》て頂いた元高校の校長先生からは「高校演劇をはるかに超えた出来栄えだ」とお褒めの言葉を頂きました。地元で冷たい目を注がれてきた哀しい過去から脱皮できるよい機会となります。

かつて、心の教育が叫ばれた時代がありました。少年院は元祖、心の教育施設なのです。自分が傷つくことばかりに敏感で他者の気持ちを感じとれなかった少年たち。その彼らが、仲間や地域の方との交流で心を温め合い、人と手をつなぐ喜びを知ることとなります。

こうしてでき上がった屋台骨の上に矯正教育の屋根が葺《ふ》かれるわけですが、それがぐらつかないように支える四つの柱は、いずれもなくてはならない大事な柱なのです。

第三章　教科指導における数学教育の取り組みとその意義

教科指導の現状と宿命的課題

矯正教育の柱のひとつである教科指導の現状についてお話しします。

教科指導の内容と方法は、対象者によって変わります。義務教育を受ける中学生とそれ以上の年齢の少年には、それぞれつぎのような教育が行われています。

中学生の場合、在籍している中学校から委託を受ける形で学習指導要領に基づいた教科指導が行われます。中学校からは在学中の成績や参考となる生活態度が記録された指導要録の申し送りがあります。しかし、少年院での教育期間がおおむね十一ヶ月という時間的制約があります。ついで一斉ではないバラバラの入院（以下「さみだれ入院」という）であることから、学習を計画的に進める体制がとりにくいのです。さらに、実際に入院してくる中学二年生または中学三年生の基礎学力の低さと学力差（以下「基礎学力の問題」という）は明らかです。この、時間的制約、さみだれ入院、基礎学力の問題を三重苦と呼びたいと思います。これを前提とするため、授業は学年別によらない混合のスタイルを採用します。瀬山先生のご指摘にもあるように、こうした制約下、義務教育の内容を精選して柔軟に組み合わせることが、ある意味可能となります。少年院にいる間に高校受験を希望する者には、在籍学校と連絡をとり合いながら受験指導が行われ、少年院から外出して受験させる場合もあります。また、少年院の教育期間中に卒業式を迎える者に対しては、出身中学校の校長先生が来訪して卒業証書を手渡すことが通例となっています。こうした教科の指導は、教員免許を持っている法務教官が主に行いますが、主要教科に対応できる教員免許保有者ばかりをそろえているわけではないので、外部講師や学生ボランティアの協力を得て実施しているのが現状です(1)。

一方で、進学を希望しない中学生や義務教育を終えて就労の継続を希望する年長者にあっては、出院までに基礎学力をどれだけ底上げできるかが、彼らの将来の選択肢を増やす意味からも重要な鍵となります。ちなみに、少年院在院者のうち、中学卒業および高校中退者の占める割合は、男子で64・8%、女子で61・7%です。進路については就職希望者が44・4%、就職決定者が38・9%、進学・復学決定者が5・5%、進学希望者13・1%です。ざっくり八割が就労、二割が就学という現実です(『犯罪白書』二〇二〇年度版)。そのため、補習教育という個別に学習する時間はきちんと確保しています。また、二〇〇七年度から少年院を会場として受験できる高校卒業程度認定試験（以下、高認試験）が始まり、希望者を集めて特別な指導を行うなどして着実な実績を重ね、就学の機会を広げてきました。

以上のように、中学生および六割以上を占める中学卒業・高校中退者に対する教科指導の最大の目標は、基礎学力を身につけることには間違いありません。しかし、時間的制約、さみだれ入院、基礎学力の問題という三重苦に加えて、専科体制をとれない指導体制の問題が加わった宿命的な課題が横たわっているのです。

なぜ数学に着目したのか

矯正教育の柱のひとつである教科指導において、なぜ数学に着目したのか、お話をさせて頂きます。前述した教科指導が抱える課題は、私が法務教官として採用されてから、一貫して変わらずにありました。劣等感から抜け出せず、学ぶ意欲が湧かない少年たちの問題は、第一章でも触れましたように、学びを諦めてきた彼ら自身の問題以上に、諦めさせてきた大人の側の問題が大きいと言えます。とりわけ、数学では「三ナイ」現象と呼ばれる問題が少年たちを苦しめていました。つまり、分からナイ、つまらナイ、役に立たナイです（秋山仁氏。「朝日新聞」二〇二一年一〇月六日朝刊）。

二〇一一年春、縁あって、群馬県の中学生だけを対象とする少年院に二度目の勤務をすることなりました。入院間もない少年たち一人一人と面接をする機会があります。せっかく、つまずいて少年院に来たのだから、何かをつかんで立ち上がって欲しいと必ず伝えることにしていました。そして、今までの学校生活について詳しく聞き取りながら、数学は好きかと尋ねます。数学が好きと答える少年はまれでした。むしろ、必ずと言ってよいほど、嫌いという言葉のつぎに「三ナイ」発言が続くのです。数学を教科嫌悪の元凶のようにたとえ、だから中学校からドロップアウトしたと胸を張る少年もいたほどでした。

一方で、義務教育を行う少年院でしたので、たびたび、授業の様子を見る機会がありました。前述した三重苦を抱える少年院の教科授業。とりわけ、数学の授業においては、元教員であったベテランの外部講師の方が、一斉授業を進める上で、教える基準をどこに置くべきか、大変苦慮されていました。「分からない」層に置くのか、「できる」層に置くのか。どの層に置いても、必ず、遊んでしまって授業に集中できない層が生まれます。生徒には不満が、指導者には不燃焼感が残っていました。

また、当時の教官たちは、規律を維持するための生活指導に明け暮れる毎日でした。日課の中心である教科指導の配置につく若手教官たちは、専門外の教科であっても手作りのプリントを事前に用意しながら努力を重ねていました。しかし、落ち着かない一部の少年に振り回されているのが現状でした。

ある早朝、何かと落ち着かない寮のことが気になって、さりげなく寮のホールに足を運んだときのことです。朝食を終え、授業開始前の待機時間だったと思います。相変わらず騒々しい雰囲気の中、当直の教官も疲れ切った表情でいました。ところが、ＡＤＨＤと確定診断されて服薬が欠かせないＳくんが、珍しく机に向かって黙々と自習をしているのです。思わず声をかけると「先生、この本すごく分かりやすいんだよ」とある数学の参考書を見せてくれたのです。その本は、私が千葉の少年院で勤務していた十年前に、髙橋先生から贈って頂いた『かずおの語りかける数学（中学1年・中学2年）』でした。Ｓくんは、数学ができるようになりたい一心で熱中していたのです。このＳくんとの会話によって、十年前に感じた目からうろこの記憶が呼び起こされました。

十年前の記憶というのはこうです。髙橋先生との出会いは、第Ⅰ部で詳しく語って頂いているので省略します。贈って頂いた著書を最初に手にしたときのことです。数学には「日本語の理解度が大切であり」、「自分の頭で考え、自分の言葉で！」というフレイズが心に響きました。また、髙橋先生の「正と負の数」における数直線の解説は目からうろこでした。符号の性格を川の流れにたとえて、プラス（＋）は真面目で、いつも自分の目の前の流れに乗ることであり、マイナス（－）はへそまがりでいつも目の前の流れと反対の方向へ行くとの説明がありました。そのとき、頭の中で「正と負の関係」が、はっきりとイメージできたのです。笑顔のＳくんを見ながら、髙橋先生を少年院へお呼びしなければというささやきが、どこからともなく聞こえたのです。

少年たちの劣等感の裏には、勉強が分かるようになりたいという渇望があります。生活指導に明け暮れ、本来力を注ぎたいが足かせとなっている教科指導における三重苦。中でも劣等感を特に刺激していた数学が、もし分かるようになれば、学びの突破口になるかもしれない。それによって少年たちが落ち着きをとり戻し、生活指導を下支えするかもしれない。そうした予感がありました。併せて、つぎに述べる私の体験から得た、数学は劣等感を反転させる力を持っているとの確信もあったのです。この予感と確信が数学に着目した動機でした。

数学が敵でなくなった私の個人的体験

私が小学三年生で算数を学んでいたときの出来事です。片田舎にある全校生徒三十四人、二学年一クラスの複式学級の小学校で育ちました。校長先生が担任の先生を兼務され、出張がある際は、自習となるのが常でした。同じ教室で学んでいた四年生の先輩が先生の代わりの役割をしてくれていました。当時、約分の意味がどうしても分からず、頭がこんがらがり、自学自習のテスト用紙とにらめっこしながら悔し涙を浮かべていたときのことです。教壇に立っていた先輩が私の様子に気づき、降壇して私に涙の意味を尋ねてきました。私は「どうしても割合の意味がよく分からない。『比べられる量』に対して『比べる量』がどれくらいなのか、ということが」と正直に話しました。先輩は、少しして「『比べられる量』は『全体の量』だと置き換えて考えてごらん」と助言してくれました。私は、目からうろこが落ちた気持ちとなり、以後霧が晴れたようにすらすら問題が解けるようになりました。先生に聞けなかったのは、「そんなことも分からないのか」と言われるのが嫌だったからです。

つぎに、高校に進学した最初の数学の授業のことです。いきなり教科書を四十ページ近くまで進められ、愕然《がくぜん》とした思い出があります。おそるおそる周りを見渡したとき、皆、予習は済んでいるよ、というような涼しい顔をしていました。周回遅れのランナーの気分のまま白旗を挙げてしまいました。以来、学年二百五十人中、下から数えて十本の指に入る不動の位置を占めることとなり、受験浪人生の身となりました。下宿生活をしながら予備校に通い、ひたすら数学を一から学び直して受けたある全国模擬試験。満点に近い成績を一度だけとりました。有頂天となり、もう、自分は天才ではないかという想いにとりつかれました。学力が向上したというよりも、努力できる環境を得て苦手意識が消えたことが大きかったのだと思います。それ以来、劣等感に悩まされず、やればできるのではという自己効力感が先立つようになりました。

さらに、私が大学生のとき、忘れられない出来事がありました。知人を介して、正看護師を目指している准看護師の方の家庭教師を頼まれたときのことです。彼女は、気恥ずかしそうにこう言いました。数学ができないばかりに、正看護師になるための看護学校を何回も受けているのですと。問題を解けないのは、私の頭が悪いからという理屈で、数学アレルギーに悩んでいました。私は高校時代に苦労した苦い思い出を、私より年上だった彼女に伝え、絶対諦めないで頑張ろうと励ましました。一つひとつ理解が進むと、彼女は少女のようにパッと明るい笑顔を見せながら真剣に取り組んでくれた思い出が残っています。

数学は苦痛そのものである。数学が分からなくても生きていける。入院時にとったアンケートには、数学は敵であると思わせる意見が少なからずありました。しかし、丁寧に見ていくと、条件付き嫌悪感であることがすぐに分かりました。もし、数学が分かるようになったら、社会に出たときに役に立つはずなのだと。このことは、第Ⅰ部の髙橋先生のアンケート調査の結果からも裏付けられました。そう、数学には、不思議な魅力が宿っているのです。

IQだけで学力を決められるのか

『ケーキの切れない非行少年たち』の著者で、精神科医師でもある宮口幸治氏は、少年院には、軽度知的障害者（IQ50〜69）とは別に、境界知能対象者（IQ70以上85以下）が相当数おり、見たり、聞いたり、想像したりする認知機能の弱さが学習に悪影響を与えていると指摘しています。併せて、一般の小・中学校においても境界知能の対象者が14％、七人にひとり存在し、特別な支援がなく見過ごされていることをあやぶみ、学習の土台である認知機能を強化するトレーニングを提言されています。この見解には基本的に賛同できます。

ところで、宮口氏が勤務されていた少年院は、軽度知的障害や境界知能の少年ばかりを集めた全国に三ヶ所しかない支援教育課程専門の少年院です。知的制約のある者の割合は、少年院全体で見ると、22％、五人にひとりです（二〇二〇年の少年矯正統計）。宮口氏が、認知機能の弱さに配慮した治療の必要性を痛感されたことは自然の成り行きでしょう。実際の支援教育課程においては、他の課程の少年と比べて倍以上の手がかかりますので、知的理解を助ける教材が準備され、特別な配慮が必要な治療プログラムも組み込まれています。

ＩＱというモノサシだけを見れば、少年院全体で知的制約者と境界知能対象者で30％強という数字も出ています。しかし、ＩＱだけをもってこれら対象者すべてが学力面で困難性があるという明確な根拠はありません。ＩＱは、知的能力を測る指標ですが、それに取り組む段階での意欲の程度で変化します。また、その後の学習の積み重ねによって高い数値を示すことも知られています。つまり、知的制約者を除く80％近くの少年は、適切な指導があれば、十分に学力を伸ばすことができる可能性があるとも言えます。髙橋先生と瀬山先生による数学の実践を見ても、知的能力にばらつきのある少年院において、基礎学力を向上させてきた知見が得られています。

さらに言えば、少年たちの認知機能の弱さは、発達障害の影響や非行体験を通じての「誤った学習」にも原因があるのです。要は、それをどう学び直しをさせていくのかという視点が重要です。加えて、障害を弱みとだけとらえるのではなく、強みに変えて伸ばしていく視点も必要だと考えます。ニトリホールディングスの創業者、似鳥昭雄《にとりあきお》氏は、小学四年生になっても自分の名前を漢字で書けず、成績はいつもビリだったそうです。大人になって、ようやく自らの発達障害に気づいたそうですが、本人の注意力に欠ける多動性を積極性ととらえ直し、背中を押してくれた家族のおかげで、さまざまなアイディアを生み出すことができたと述べています。また、こうも言っています。「好きなことは集中できる」「長所で短所が隠れる」と(「朝日新聞」二〇二二年七月五日朝刊)。

私は、少年たちが、少年院生活のあらゆる場面において、諦めによって縮んでしまった自我を自らの努力でふくらませることができた瞬間を何度も見てきました。一見、ささいな出来事に見えるかもしれませんが、本人にとっての小さな成功体験こそ劣等感をはねのけるきっかけになるのです。その鍵は、つぎに述べる「学ぶ意欲」の喚起にあるのです。

学力とは学ぶ能力なのだ

入院面接時、興味あるものや得意なことは特にないと言いつつも、少年鑑別所で本が好きになったという少年は割合多かったです。審判までの時間を読書に当てていた彼らに、どのような本を手にして、どういった内容が面白かったのかを話してもらいます。読書を通じて想像する楽しさや新しい発見があることなどを語ってくれます。そのやり取りの中で「この子は知的好奇心が強いな。案外知的能力が眠っているかも」と感じることがままありました。ある少年の言葉を借りれば、「学力はないけど、能力はあるんだ」という潜在的能力に着目したのです。また、高認試験について話題を向けると、乗ってくる少年たちが結構いました。気づいたときがスタートラインだよと、その都度、心の背中を押すことにしていました。

学力とは、まさに学ぼうとする能力です。長年、専門家によって学力論争にもなってきました。理屈はさて置き、シンプルに考えたいと思います。何歳になろうとも、人間には好奇心があり、知らないことを知ることで、もっと深く理解したいという気持ちが生まれます。そうなれば、誰が何と言おうと、自分から分かりたいという気持ちの袋にどんどん情報を集め入れ、関連する事柄にも手を出し始めます。ここまでくれば、目の前の世界が広がるわくわく感が抑えられなくなるのではないでしょうか。子どもたちが興じる虫取りなどにも通じる気持ちと言えます。

本来、子どもたちは好奇心の塊です。髙橋先生や瀬山先生の数学の授業では、少年たちは「なぜそうなるのか」という根本的問いかけをよくします。私たち大人は、子どもたちが興味を持つことに「何でそんなことを質問するの!?」と頭から否定せずに、さらなる興味の世界へ誘《いざな》うような環境をさりげなく用意することが本来の務めなのです。

本書で私が強調したいのは、本人が「分かる楽しさ」や「できる喜び」を感じることで、学びたい気持ちが動き始めることにあります。私たち大人が、彼らから「もっと問題を解けるようになりたい」というワクワク感をどれだけ引き出すことができるかが、教科指導の突破口といっても言いすぎではないと思います。中学生のSくんが「先生、この本すごく分かりやすいんだよ」と述べたときこそ、動機づけを得て学ぶ意欲が芽生えた瞬間です。本人の学びたい気持ちの芽が自然とふくらめば、あとは太陽と水を整えてあげるだけで、芽が吹き、やがて根も張り出してくるのです。

目を輝かせる授業

先生方に協力頂けることになった当初、中学生の授業風景をあるがまま観てもらいました。私は、少年院が抱える悩ましい三重苦の問題を何としても克服したい、ぜひお知恵をお借りしたいと依頼しました。しばらく話し合いを重ねた後、瀬山先生から思い切った提案がありました。幾何その他の分野を思い切って省き、代数にしぼった授業計画を作りましょう。最終目標は一次方程式に軟着陸させることにしましょうとの戦略です。新鮮な驚きでした。詳しくは瀬山先生の第Ⅱ部第一章で語られています。そして、精選された指導計画は、諦めではなく、学ぶことが生きる力になるという確信のもとで練り直され、基礎力を身につける授業がスタートすることとなったのです。

おふたりの印象に残る授業場面があります。髙橋先生の授業においては、自然数から始まり、有理数と無理数の違いを含めた数の概念について繰り返し教えてくれました。机間巡回されながら、全員に声をかけ、分からないという言葉を封印し、思考を停止させない授業だったのです。授業の最後には、誰ひとりとしてうつむくことがありませんでした。また、瀬山先生の等式の授業において、「移項」の意味がイメージできるよう、手作りのやじろべいを教室に持ち込んで実演してくれました。イコール（＝）で結ばれた等式から数字を移してもイコールの関係を保つためにプラスはマイナスに変わるのだねと語りかけたとき、少年たちは笑顔のまま目を輝かしていました。

彼らは、丸暗記する前に、腹落ちする、つまり納得できるかどうかにこだわる傾向があります。例えば、分数同士のわり算で、なぜかける（×）と、分子と分母がひっくり返るのかにこだわります。おそらく、一般の学生は、「そういうものなのだ」「そんなこと考える暇があったら、とっとと計算すればよい」と、効率重視で学習を進めるのではないでしょうか。しかし、彼らは、こだわった疑問について丁寧に説明を受けて、納得すると驚くべきスピードで問題を解いていくのです。両先生の授業には、分からないを弱みではなく、強みに変える学びの本質があったのです。

髙橋先生・瀬山先生による驚きの教え

先生方による実践を通し、学校教育では学べない驚きの教えについて、いくつか紹介させて頂きます。これは、一般の学校教育においても通じる教えだと確信しています。

・失敗を隠す必要はない

今まで彼らは、散々失敗して、自分が傷つくことをとても恐れてきました。失敗して当たり前。失敗してこそ、数学が分かる近道なのだと、繰り返し言われます。思わず、皆、板書している先生を驚きの目で見つめます。答えを導くプロセス、途中式を重視されました。ミスがあってノートの途中式を消しゴムでゴシゴシやろうものなら、消してはいけません。どこで間違ったかを振り返る証拠がなくなるでしょうと注意されます。間違いに気づくという反省的思考を学ぶことになるのですからと。失敗を隠し続けてきた少年たちにとって、とても勇気づけられる言葉でした。

・自信を持って間違いなさい

つぎに、このフレイズです。初めから間違おうとして間違う人はいません。まずは、自分の考えを持って、堂々と問題を解いてごらんなさい、どうしても分からないときは、自信を持って聞いてください。徐々に彼らは、手を挙げながら、先生の質問に対して、自分の考えを堂々と述べるようになります。他の少年も、その雰囲気に引き込まれるように、他の少年の考え方に賛同したり、反論したりするようになります。先生は、模範解答をすぐに教えません。一人一人の表情を見ながら当てつつ、繰り返し問題を解かせるのです。誰もとり残すことはしないという気迫が伝わってきます。

・算数ではなく数学を学んでいるのだ

この言葉は、両先生とも口を酸っぱくして強調されていました。授業を担当する教官が、「これは小学生の問題だから分かるよね」と言おうものなら、授業のあと、指導担当教官は必ずきつく叱られていました。彼らには、学力が追いついていなくとも、年齢にふさわしいプライドがあるのだから、それを傷つけてはいけない。小学校で学ぶ算数は、数の計算の技術を学ぶだけではなく、「数と式」に関する基礎的な概念や原理・法則についての理解を深め、中学校で扱う抽象的概念と陸続きであることをいかに理解させるかにある。言い換えれば、四則計算などのドリル学習とは違い、文字式や方程式を扱いながら抽象的思考や論理的思考を学ぶエッセンスが小学校の算数にも含まれているということを伝えたいのです。瀬山先生による抽象的離陸が始まる分数の話が象徴的ですね。

また、年齢と学力のギャップを意識させて劣等感を刺激するのではなく、本人がどのように学習して答えを導くのか、その過程が分からないだけなのだから、指導者は常にその問題意識を持って欲しいとも言われました。そのためには、言葉がけに注意すること。例えば、「これは説明しなくても大丈夫だよね」「簡単な問題だから、サラッとやってみて」という発問は禁句です。指導者は、少年たちの視点に立って、なぜ分からないのかという気持ちと向き合うことが大切なのです。

オリジナル検定テストから生まれた小さな自信

私が転勤した九州の少年院では、学力のレベルをつかむため、授業の前に手作りの検定テストが行われていました。早速、自分で解いてみたものの、小数点以下の桁数がやたらと多い、計算技術をひたすら競う問題ばかりでした。一気にやる気が失《う》せてしまいました。瀬山先生にこのテストを見てもらったところ、遠慮がちにこう言われました。「ご苦労されて作った問題なのでしょうが、はっきり申し上げて、ふるい落とすためだけのテストですね」。まさに、受験勉強の論理を少年院に悪意なく持ち込んで、数学の入り口で数学嫌いを量産していたのです。できる者は進める。できない者はそこでゲームオーバー。

そこで、髙橋先生にお知恵をお借りしながら、何度も試作を重ねました。中学数学の入り口に立てるよう、学力の進度に応じた級からスタートでき、最初の少年院での取り組みから生まれた髙橋先生のワークブック『かずお式中学数学ノート』（朝日学生新聞社）を副教材とした検定テストができ上がりました。もちろん、学習指導要領に対応する内容として、瀬山先生に監修をお願いしたものです。七級から始まり、特級までの十四段階まであります。寮内には、受験級が小学校から中学一年生までのどの学年に自分が今位置しているのかが一目で分かるよう、出題範囲を掲示されました。

ついで、高認試験問題を内容とした特級テストを目指しましょうと、学習意欲を喚起できる雰囲気も作りました。そして、現場の教官の協力を得ながら、毎月実施したテスト結果を、どう伸びていったのか、あるいはどの級でつまずいているのか分析してもらいました。進級の具合を半年ほどモニタリングすると、一定の成果は見られたのですが、七級（小数の四則計算）と四級（平面図形、比、時間と速さ、平均）のふたつの壁が課題として見えてきました。ただし、この新しい検定テストを導入してから、四十名にアンケートをとりましたら、数学に対する意識の変化が見えてきました。「問題を理解するのは楽しい」（68％）、「数学の苦手意識が減った」（63％）、「数学ができるようになりたい」（61％）、「自学自習する習慣が身についた」（64％）などです。何より喜ばしいことは、寮の教科担当である教官に、目の色を変えて「方程式を教えてください」という生徒が出現したのです。

楽しくて、難しくて、うれしくて

私が転勤するたび、数学の授業に髙橋先生が、数学講話には瀬山先生が出前授業として協力してくださいました。瀬山先生の都合で講話がかなわなかった沖縄の少年院では、両先生から紹介頂いた、当時琉球大学教育学部の伊禮三之《いれいみつゆき》先生（現、仁愛大学こども教育学科教授）による連続講話をお願いしました。

ある数学講話での場面のことです。自然数の和を求める計算問題から始まり、1から10までの和の問題になりました。伊禮先生は少年たちと和やかに意見を交換しながら、順番に足していく方法ではなく、最初の1と最後の10の和が11となり、それぞれの内側の2と9を足しても同じ数になることに気づかせました。これを全体の数である10を2でわれば、五つの同数のペアが出ることから、答えは11（ひとつペアの和）×5（ペア）＝55という方法を見出《みいだ》しました。彼らは、すっかり感心していました。先生は、この法則がガウスの公式といって、のちに数学者となったドイツのガウスが八歳のときに発見したものです、と解説されました。この事実を知らされた彼らは、皆、目が点になりました。

つぎに、先生はトイレットペーパーをおもむろに出して見せ、この公式を使って一体何巻きあるか、答えを出そうと提案しました。まず、トイレットペーパーの包装袋の表示で、長さが60ｍ（６００００㎜）であることを確認しました。そして、つぎに、トイレットペーパーの芯の直径を測ると40㎜、一番内側のひと巻きの紙の長さは、円周の公式（直径×３・１４）を使って、「40㎜×3.14=125.6㎜」と計算しました。つぎに、トイレットペーパー自体の直径を測ると１０５㎜なので、一番外側のひと巻きの紙の長さを「105㎜×3.14=329.7㎜」と計算しました。ガウスの公式に当てはめ、ひと巻きの長さは均等に増減するので、「一番内側の長さ＋一番外側の長さ」と「内側から二周目の長さ＋外側から二周目の長さ」、このふたつのペアは同じ長さになるので、これで全体の長さをわり算すれば、何組あるかを求められます。式にすると、「60000㎜÷（125.6㎜+329.7㎜）=131.78」。ただし、これは長短合わせたペアの数だから、2倍すると２６３・５となり、およそ２６４回巻かれているはずだと言うのです。じゃ、実際、これを確認しましょうと言いながら、トイレットペーパーの側面に赤い筋を入れて、何巻きあるのかを目の前でぐるぐるほどきながら確認していきました。見事、計算上の巻数と同じであることが証明され、にやりとされました。少年たちの半信半疑な視線が、ガラリと尊敬の視線

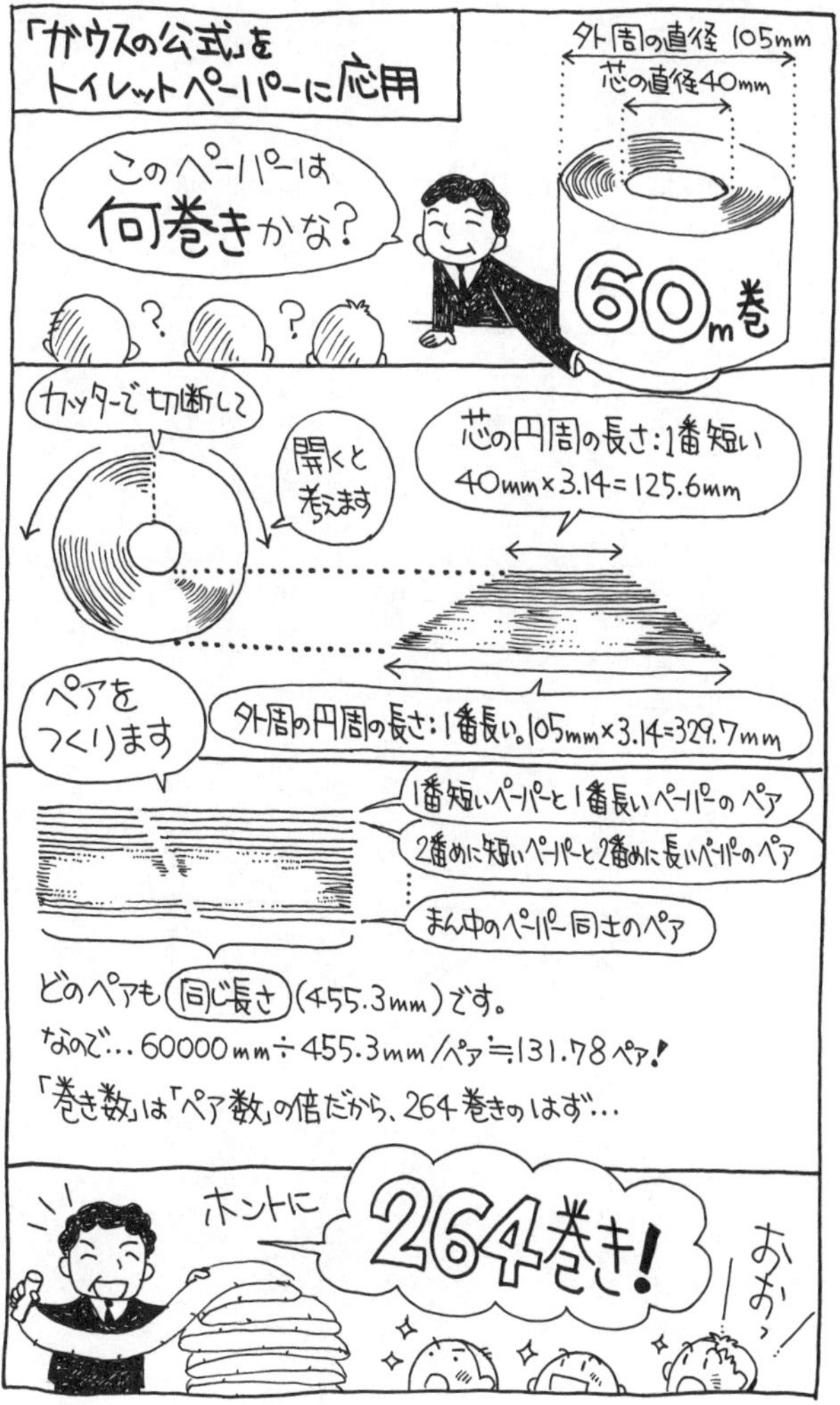
「ガウスの公式」を
トイレットペーパーに応用
外周の直径 105mm
芯の直径40mm
このペーパーは何巻きかな？
60m巻
カッターで切断して
開くと考えます
芯の円周の長さ：1番短い
40mm×3.14=125.6mm
ペアをつくります
外周の円周の長さ：1番長い。105mm×3.14=329.7mm
1番短いペーパーと1番長いペーパーのペア
2番めに短いペーパーと2番めに長いペーパーのペア
まん中のペーパー同士のペア
どのペアも同じ長さ（455.3mm）です。
なので…60000mm÷455.3mm/ペア≒131.78ペア！
「巻き数」は「ペア数」の倍だから、264巻きのはず…
ホントに
264巻き！
おおっ！

へと変わったのです。

最後に、先生は、こう締めくくりました。ひと昔前、地元の製紙会社で作っていたトイレットペーパーの長さに不当表示がありました。このガウスの公式を用いて、実際は短かったことを告発した人がいました。以来、その会社は正直に製品作りに精を出したそうです。「皆さん、数学をきちんと用いれば、騙されず、正義を守ることができるのです」。

少年たちは講義後、つぎのような感想を述べていました。いくつか紹介します。「数学を用いて犯罪を暴くというのは、小説の主人公みたいでかっこいいと思いました」「数学は、将来、疑問に感じたり、困ったとき解決してくれる。目的を持って勉強に取り組んでいこうと思いました」「自分の考えで解けたので、少し誇らしかったし、うれしかったです」「楽しくて、難しくて、うれしくてと感じる講話でした。とてもよかったです」。

少年たちは、少年院に来るまで、悪い大人の誘いによって何度も騙され、悔しい思いをし、泣き寝入りをしてきました。しかし、数学の目的は、要領よく数字を処理する技術を磨くことにあるのではないのです。彼らは、この講話を通して、数学が嘘のつけない論理的なものであることや、抽象的な考え方から物事の真実を見極めることができることを知ったのです。数学は、一見難しいけれど、間違いに気づくと自分で直せる。そして、「できる」と「分かる」の間を往復しながらその面白さに気づく。そして、自分の頭で考え、想像することの喜びをもたらしてくれたのです。誇らしい気持ちで学んだ時間でした。数学は生きる力。ここに数学教育の神髄があるのです。

高認試験への挑戦

ところで、私が沖縄の少年院で勤務した当時、現場の教官は、少年たちは学歴もなく、親からの期待も低く、将来は限られた仕事にしか就けないのではないかと思っていたようです。沖縄の少年たちは、とても素直で悪ずれしたところが少なく、片親家庭のもと苦労して育ってきた者が多かったです。入院直後の面接においても、将来のイメージが持てずに、どこか諦めた雰囲気を漂わせていました。当然ながら、高認試験の受験者は過去六年間で延べ十一名、全八科目合格者は三名であり、前年度は誰も受験していませんでした。潜在的に高い能力を持っている少年たちがいるにもかかわらず、挑戦する下地があまりなかったようです。

まずは、前任地、九州の少年院で作成した数学検定試験の導入を現場の教官に提案しました。そして、学力が決して低くはない者に対して学習意欲を刺激してもらうようお願いしました。高認試験には、一本釣りのようにして六人が手を挙げてくれ、集中的な指導ができる体制が整いました。髙橋先生は、私が転勤するたびに、快く足を運んでくださり、遠い沖縄の地にも二泊三日で集中講義に来てもらいました。試験までに繰り返しこれを取り組ませてくださいと、特別に作成した手作りの必勝問題集を持参してくれたのです。受講した少年たちはやる気に火がつきました。数学は全員合格、全八科目合格者は六人中四人、一部合格者は二名の結果となりました。合格者は、いずれも髙橋先生の特別指導がなかったら、苦手な数学を含めて全科目合格はあり得なかったと口々に述べていました。

私は、約四ヶ月という短期間ではあっても、ゼロ地点から取り組んだ彼らの伸びしろに驚きました。そして、このエネルギーをつぎにつなげたいと考え、現場の先生方の同意を得て、臨時の合格体験発表会を全員の前で開くことができました。ひとりの少年は、受験した動機から始まり、寮生活の隙間を利用して学習に取り組んだこと、そして結果が伴った喜びを語ってくれました。そして彼は、突然込み上げるようにして泣き始めたのです。「僕は今まで親の悲しい顔しか見てこなかった気がします。先日の面会で、合格の報告をしたら、母が何度も『よかったね』と言ってくれました。久しぶりに母の笑顔を見ることができ、本当に挑戦してよかったです」。母親の笑顔見たさに一心で頑張った気持ちが伝わってきました。

私は、高認試験に挑戦する動機は何でもよいと考えます。しかし、このエピソードのように、彼らが非行を繰り返していた過去においても、視線の片隅に親の様子をよく見ていたこと、ふがいない自分ではなく、やればできる自分の姿を親に見せたいという気持ちがあることに心打たれました。誰しも、心の奥底で、自分を褒めてもらいたい。また、それ以上に、大切な家族と喜びを分かち合いたいと思っているのです。

一方で、この試験の合格ラインに一番近かったある少年が、結局、受験の意向を直前でとり下げたことも後悔に似た記憶として残っています。寮に出向いて、さりげなくその理由を聞きました。彼曰く「受験料は出院してから父親に返してもいいのだけれど、これ以上、親に金銭的な迷惑をかけたくないのです」「将来の夢は、ホテルの調理師となって、育ててくれた父親と祖母をレストランに招待したい。そのため、自分で働きながら試験に挑戦してもいいかな」と。結局、出院後、受験したという便りは届きませんでした。少年院という場で、誰もがためらうことなく挑戦できる環境をどこまで用意できるか。指導者は、少年たちの人生に与える影響の大きさに自覚的でありたいと考えます。

第四章　少年院における基礎学力の現在地とその行方

自己効力感の向上こそ生きる力

これまで、基礎学力を身につけることは生きる力であることを述べてきました。ここでいう生きる力とは、困難な出来事に出会っても、決してひるむことなく、自分の培ってきた力を信じて、諦めずにのり越えようとする力です。その力を育むためには、自分をきちんと肯定できる自尊感情とやればできるという自己効力感が不可欠なのです。

この自尊感情が育つ過程は、矯正教育によって全人格が育まれる過程とも言えます。育ちが止まったままの小さな自我。少年院はまさに育て直しの教育が行われる安全基地です。教官は、無条件の愛を持った親の代わりにはなれませんが、丸ごと彼らを受け止める慈愛の気持ちで向き合い、横に並びながら伴走し基本的信頼を築いていきます。加えて、教官以外に支援をしてくれる大人や一緒に努力し合う同僚との出会いによって、人は支え、支えられる存在であることも実感していきます。そうした体験を共有しながら、自尊感情がより確かなものになっていきます。

一方、学びを諦めていた少年の失敗体験を重ねて縮んだ自我をどうふくらませるかという課題があります。少年院生活は、あらゆる場面を通して努力したことが認められます。はじめは、外の社会での当時の見栄を引きずり、努力することは格好悪いと失敗を恐れます。しかし、学ぶ能力を伸ばして「やればできる」という自己効力感が高まることで、自信が蓄えられていきます。この自尊感情の上に自己効力感が連動する形で、小さく縮んだ自我が、風船のようにふくらんで、生きる力をとり込み、地上から気球となって離陸するのです。まさに、少年院はそのための最適の環境が整っていると言えるのです。

数学指導が、自尊感情によい影響を与える万能薬だと言うつもりはありません。しかし、この指導は、生きる力を育む少年院の教育の一端を担っていると言えるのではないでしょうか。第Ⅰ部第四章で示された髙橋先生の集団授業によって、入院時に小学校の算数レベルだった六割の少年が中学数学レベルにまで到達でき、七割以上が高認試験に合格するという基礎学力が回復した事実。第Ⅱ部の瀬山先生の、単に計算ができたことを超えて数学の意味を理解しながら得られる達成感は、学ぶ喜びとともに、自身の可能性を認識しながら未来に向かって挑戦しようとする力を養うことにつながる、との提言。つまり、おふたりの実践には、自分の力で生きる力を獲得してきた少年たちの姿が描かれてきたと言えます。「やればできる」という自己効力感を高めさせることによって、でこぼこ道であってものり越えることができる自信。学びの過程で生きる力が引き出されるのです。

社会復帰後、ふたつの課題

縁がありまして、現在、私は更生保護施設で仕事をさせて頂いています。おそらく、少年院以上にその存在が知られていないと思われますので、補足説明をさせて頂きます。そして今、社会復帰後、何が課題となっているのかを示したいと思います。

更生保護施設とは、刑務所や少年院から出てきた人で、親やその他適当な引き受け人がいない対象者を受け入れる保護施設であり、一定期間、ここで生活しながら、自立に必要な準備をする中間処遇施設です。主に更生保護法人によって運営されるこの民間施設は、全国に百三ヶ所あります。圧倒的に男子施設が多く、女子施設は七ヶ所、男女施設は八ヶ所です。私は、たまたま自宅近くの女子施設で勤務しております。女子施設が少ないため、全国の矯正施設から幅広く受け入れを行っており、利用者も十六歳から八十歳近くまでと幅広い年齢層であり、退所後、学生、勤労者、そして福祉や医療につながる人までの多彩な顔ぶれです。男子と比べ、精神的に病んでいる家族がいたり、経済的に困っている家庭で育つなど、複雑な家族関係を背景とし、自らも精神的に苦しんで服薬の欠かせない人が多くいます。また、成人の場合には、薬物依存や窃盗癖などの問題に長年悩んでいたり、離婚、借金、施設に預けている子どもの引き取りなど、整理すべき問題をたくさん抱えています。未成年の場合には、家族関係がもつれて、自らの心配事を素直に相談できずに孤立感を深め、精神的辛さを抱え続けている者が多いのです。

実際に勤務する職員は補導員と呼ばれ、多くは保護司です。つまり、矯正施設から出た利用者に対する保護観察を国（保護観察所）から委託されて担います。在所期間は、成人であれば、原則、満期まで、未成年は二十歳になるまで生活することが可能です。実際には、成人で満期を迎えても自立の準備が整わない場合、更生緊急保護という手続きによって、期間は限定されますが、引き続き生活できる場合もあります。未成年の場合には、二十歳になるまで生活する者は少なく、自立できる見通しがつくと退所し、つぎに帰住する場所を担当する新しい保護司のもと、二十歳まで指導を受けることとなります。

施設の運営は、委託を受けた予算と寄付でほぼまかなっており、利用者は、原則、衣食住にお金はかかりません。そして、ハローワークなどの協力を得て仕事を探したり、職業訓練を受けることとなります。働いたお金や訓練に必要な補助費用の一部は、自立資金として貯金することとなります。しっかりお金が管理できるよう、また、仕事が長続きできるよう、補導員はそのお手伝いをします。

ところで、彼女たちが直面し、苦労しているふたつの課題があります。それはお金と人間関係です。

第一のお金の問題ですが、入所当初は、皆、希望に燃え、頑張ってお金をためると勇ましく宣言します。しかし、社会の誘惑から隔絶された矯正施設から出てくると、一気に自由の身になった気分となります。さまざまな刺激に囲まれながら、苦労して手にしたお金もあっという間に使ってしまうことがあります。言われるがまま契約した携帯料金がふくれあがったり、お金の出し入れが面倒だとクレジットカードを作って勝手にローンを組んだりして、その返済ができないこともあります。その都度、助言をするのですが、「私、計算は苦手だけど、大丈夫」と根拠のない自信で強がってみせるものの、結局、行き詰まるのです。毎日、お金の出入りを記録させます。しかし、数字の桁数をそろえられない、四則計算があやしい、お金の概算ができずに一ヶ月の締めができない、自立に必要な経費をどれだけ見込み、どれだけお金をためる必要があるのか、計画を立てることができないなどの問題があります。しまいには、借金を払うために働くといった本末転倒の状況に陥り、結局、自立資金をためることができずに「どうしよう」と泣きついてくる者もいます。これは、発達の偏りからくる実行機能の障害[1]や数学などを苦手とする劣等感が影響しているかもしれません。お金で失敗してきた過去の体験を活かすことができず、面倒なことを先送りしてお金に苦労するのです。

第二に、人間関係です。少年院を仮退院して、親をはじめ頼るべき人がいない未成年。家族との結び直しをかすかに期待して刑事施設を仮釈放してきた成人。入所当日の夜、施設の電話を借りて、しばらく会えなかった家族と近況を伝え合います。厳しい事情を抱えながらも、待ってくれていた家族の気持ちに触れて涙する者、もう連絡は一切しないでと厳しい宣告を受けてため息をつく者、最初は期待して支援してくれた家族との関係がこじれてしまう者などいろいろです。そして、保護施設で生活していることを伏せながら何とか仕事を見つけます。理由は、施設に対する理解よりも社会的偏見が強いためです。不慣れで苦手な人間関係を我慢し、アパートに入居できるだけの最低限のお金をためます。決して楽観できないこれからの道のりを覚悟しながら、それぞれ施設を旅立っていきます。職員は、退所後の相談や助言といったフォローアップという支援もしています。音信が途絶えた頃、家族とけんかして家を飛び出した、離職した、はたまた以前の人間関係に戻って警察の厄介になった、という残念な知らせが飛び込んでくる場合もあります。これらのケースの場合には、発達の偏りからくる自己制御の障害(2)という対人関係に加え、いざというときに適切な相手に相談できない孤独感、対人関係の問題があるのです。

社会という航海を続ける上で必要なこと

第一のお金の苦労をどう解決していくかです。少年院や刑務所においては、お金を使う機会がありませんし、仕事を選ぶという環境もありません。少年院法改正によって、汗を流す職業実習の時間以上に、職業生活設計指導という座学の比重が高くなりました。残念ながら、この座学は、実際的な内容となっていないと改めて感じています。

まず、支援を受ける人が抱くお金の価値観が適当であるかどうか再確認させる必要があります。社会に出ると、施設内の決められた職業指導では意識にのぼらなかったその人の価値観が、ふいに頭をもたげてくるのです。お金の稼ぎ方や使い方には、その人の価値観がはっきりと反映されます。具体的には、額に汗しないでもお金を稼げる方法を知っています。女性の場合には身体を元手に短期間で稼げる方法を覚えているケースもあります。長時間働いたのにいろいろ差し引かれて手元に残るお金が少ないのは割に合わない。手取りがよい仕事に変えたい。小さなミスが重なって職場の同僚の目が気になるようになり、やる気が下がった。仕事を続ける自信がない。そばにいる支援者は、こうしたさまざまな愚痴や不満を受け止めつつも、本人が設定した目標を確認させながら、叱咤《しった》激励し続ける。そして、地道に汗してお金を稼ぐことが、一見遠回りのようで社会的信用を得る近道なのだと気づかせることが重要なのです。

さらに、自分が決めた生活設計に向けて努力できているかどうか、具体的に振り返らせる必要があります。実際の就労において、仕事先の都合で働く時間が削られ収入が減ったりする。思いもよらず怪我《けが》をする。また、借金などの困った状況に陥ることがあるかもしれません。手をこまねいていては、ずるずると将来に向けてお金がたまらないままです。それらを解決するためには、無料法律相談や就労支援などの専門家を利用する相談力が大切になります。と同時に、その立て直しには、裏付けとしての数学的基礎力は欠かせないと言えます。

第二の人間関係についてです。人間関係の行き詰まりという危機場面に出会ったとき、まずは慌てないで事態を冷静に見る力、誤った地点に一度立ち戻る勇気、そして、SOSをはっきりと発する力によってこそ、危機を乗り切ることができるのだと思います。最初に述べましたが、非行少年は、SOSを発して、周りの人の力を借りることが大変苦手です。成人の場合も同様です。その心根は、これ以上、自分の弱さをさらけ出して惨めになりたくないという、ビクビクした自分を守りたいというプライドなのです。それが信頼関係を築く上で邪魔となっているのです。

先日、インターネットニュースで、少年期に父親が行方をくらまし、ついで母親の家出によって置き去りにされ、食いつなぐことに必死で引きこもった経験を告白した芸能人の記事を読みました。インタビュアーは、なぜそのとき、周りの大人に助けを求めなかったのかと問いました。彼は、当時、これが親による虐待であるという認識がなく、そうした惨めな状況に陥ったことで自身をも憎んでいたと述べていました。しかし、中学校の仲間が、ずっと声を掛け続けてくれ、ついには彼の家のドアを突き破って助け出してくれたそうです。

こうした救いとなる人間関係を築き直す必要があります。そのためには、はっきりと厳しく意見してくれる人を一時の感情で遠ざけず、素直な気持ちを言葉にして相手とキャッチボールができるコミュニケーション力が問われるのです。瀬山先生が強調された、数学記号は世界共通言語であるとの言葉。必要とし必要とされる関係を壊して孤立しないようにするため、理解し合える言葉を大切に扱えるスキルを磨き続けたいものです。

社会を航海にたとえるならば、いつも順風満帆とはいきません。嵐が吹き荒れるときこそ、落ち着いて羅針盤をきちんと読める力、変わりうる天気を予測する力、船が故障したときに代用品で修理できる力などが必要になってくるでしょう。そうしたときこそ、きちんと仕入れた知識を応用できるとともに、信頼し合える人間関係を結ぶことができれば、自身の生きづらさから脱していけるはずです。学びには、生きる力が宿っており、人生という航海を続けるためのお守りになるのだと信じています。

今後の少年院に求める期待と支援者の役割

現在、少年院においては、高認試験の実績が着実に積み重ねられています。また、二〇二一年度から、今まで限られた施設において行われてきた通信制高校との連携を、全国七ヶ所の少年院に広げるモデル事業が始まります。少年院で行われる授業の一部を通信制の単位として認定できるようにする、より発展的な取り組みです。加えて、同年度から、民間の教育機関のノウハウを活用しながら連携をはかって、出院後も約一年間学習支援が継続できる体制を整備していく予定です。これらの学習支援は、再犯防止指導と合わせた車の両輪とも呼ばれ、社会での居場所と役割を見つけるきっかけとなることが期待されています。この出口支援によって、社会復帰後の就学・就労がうまく定着できるならば、喜ばしいことだと考えています。

改めて、支援者である法務教官の役割について再確認したいと思います。これまでふたりの先生方とともにこだわってきた数学教育の実践は、一人一人を大切にした基礎学力の向上を基盤とし、生きる力を伸ばすことに主眼が置かれてきました。皆さんには、ある程度、理解してもらえたのではないかと思います。矯正教育は、学校教育という線路から外れた彼らを再生させる教育です。特定のエリートを少年院の中で発掘するような実績主義に陥ってはいけないのです。外部の教育機関に教科指導を委託することによって、餅は餅屋というお任せの発想となり、専門外だからという意識が法務教官に広がってしまう一抹の心配があります。法務教官こそが、少年たちの学力を含めたつまずきの状況やどう立ち上がろうとしているかという気持ちをよく知っている理解者なのです。数学の専門的技術指導はともかく、数学の特性である論理性（筋道を立てながら考え、間違いを正せる力）と抽象性（分かりやすく考える力）のメリットを押さえた基本的指導の在り方について、教官にも体得してもらいたいのです。そして、少年たちが困難にぶつかっても不安がらずにへこたれない気持ち、言い換えれば、しなやかな強さを持てるよう添い遂げる、いわゆる二人三脚としての伴走者の役割に期待したいのです。ここで使う伴走者とは、一期一会で出会った少年と絆《きずな》という名のロープで結ばれた教官が、少年の先でも後でもなく、真横の少しだけ後ろで寄り添い、見守りながら一緒に汗を流す存在を意味します。

　矯正施設を離れて三年が過ぎようとしています。振り返ってみますと、矯正施設から少年たちを現役の教官として送り出した当時の私に足りなかったものは、想像力でした。更生の期待を込めて笑顔で少年たちを見送りましたが、その後、社会でどう生きていっているのか、正直、関心は薄かったです。仕事も家庭も両立させて頑張っているよといううれしい連絡も少なからずありました。しかし、再非行して身柄を拘束されたという知らせが届いたときは、やっぱりダメだったのかと結果だけを聞いて落胆し、それ以上の想像力を働かせることはあまりなかったのです。

　現在、更生保護施設職員として、矯正施設から生きづらさを抱えた人たちを受け入れる立場にあります。今後、少年院と更生保護施設はお互いの顔が見える、ともに汗をかける関係でありたいと思っています。迷い苦しんでいる人がいたなら、遠慮なくSOSを求めて疲れた羽を休ませることができる安心の居場所をそれぞれの場所で作りたいものです。また、自分が受けたボールを更生というゴールに運んでいくためには、支援者同士がパスをつないでいく必要があります。自分だけの力で何とかしようとするのは傲慢ですし、限界があります。支援者は、私たち施設職員に止《とど》まらず、保護者をはじめとする家族、学校の先生、職場の方々、そして彼らが生きる地域社会の人々です。自分の立場や役割を超えてお互いにつながり、理解し合うことがますます求められています。

行き詰まりを感じ、もがき苦しんでいる少年たちが、「生きる方程式を教えてください」と私たち支援者に助言をためらうことなく求めてくれるような信頼関係を創っていきたいものです。答えを出すのは本人ですが、私たち大人は、少なくともそれを導くための「考えるヒント」を出すことはできるはずです。視覚障害者マラソンのベテラン伴走者がこう言いました。「決して自分から（ロープを）引っ張ってはいけない」「ブラインドランナーが不安に感じるでしょう」と。生きていく道を見失って迷っている少年に、不安感を不用意に与えてはなりません。そして一緒に歩みながら、希望というゴールテープを少年自身が切れたという、やり遂げた感を大切にしたいものです。それができてこそ、初めて、二人三脚による伴走の喜びが倍以上になって返ってくるはずです。

最後となりました。矯正施設の方々は、実に生真面目で、日々労苦を惜しまずに仕事をされています。処遇困難な人たちを前にして、再び過ちを起こさせないという気概をプライドにされているはずです。忘れていけないことは、支援を受ける人にとって、施設を出ることは、それ自体がゴールではなく、生き直しのための本当のスタートラインなのです。私たち大人は、その後の行く末にもしっかり想像力を持って目配りしたい。そして、いつでも声をかけながら、頼られる存在でありたいものです。もちろん、自戒を込めて。

註

第一章

（1）主に、少年院や少年鑑別所で勤務する職員の職名です。国家公務員一般職（中級）扱いとなり、平成二十四年からは名称を変えた法務省専門職員（人間科学）採用試験によって採用されます。教員免許は必須ではありません。

（2）少年院法改正によって社会貢献活動と名称を変えています。規模こそ小さくなってきましたが、最近は点訳絵本を製作し盲学校への寄贈、捨て犬の保護プログラムへの参加、震災地域の清掃や汚損した写真の清浄作業など、少年院によって特色ある活動が試みられています。大阪の少年院においては、ボランティア団体として社会福祉協議会に登録し、高齢者の家の片づけ、人手不足の漁港のお手伝いなど、地域サポーター活動も行っています。

（3）犯罪の責任を自覚させ、社会適応に必要な知識や生活態度を習得させる目的で、一般と特別の指導があります。特別改善指導は、薬物・暴力団・性犯罪・被害者・交通・就労支援に関わる指導に分かれています。

（4）森伸子「少年院在院者の特性と働き掛け――被虐待体験と非行との関連を中心に」法務省矯正局編『子ども・若者が変わるとき　育ち・立ち直りを支え導く少年院・少年鑑別所の実践』矯正協会、二〇一八年、第六章106〜107ページ

（5）『炎を越えて――新宿西口バス放火事件後三十四年の軌跡』（文藝春秋、二〇一四年）の著者である杉原美津子氏を犯罪被害者のゲストスピーカーとして少年院に招き、加害者の更生について対話を重ねました。

（6）心情相談者である篤志面接委員、いのちの尊さについて教示してくれる教誨師、教科指導や音楽・美術をはじめとするクラブ活動における非常勤の指導員、学習支援や友達活動を行う学生ボランティア（BBS）、その他更生保護女性会や保護司など、実に多様な方々が矯正教育を側面から支援してくれています。

第二章

（1）成績、規律違反の懲戒、資格取得の選定など、処遇全般に関わる重要事項について審査をする

会議で、最終決定は施設長が行う。学校教育で言えば、職員会議を指します。

第三章

（1）教官の採用条件には、大学、短大ないし専門学校相当の学歴と一定の年齢制限だけがあり、教員免許資格は絶対条件ではありません。ただし、教育や心理を専攻した人の志望が多いことから、小・中・高の教員免許を所持している人がいます。

第四章

（1）実行機能の障害とは、統合の困難、かたくなさ、大きな見通しのなさ、計画とその変更、制限を加えたり、順位付けしたりすることの困難を指します（藤川洋子「発達障害を抱えた少年・成人当事者に対する関わり方のコツ」『更生保護』第六十八巻三号、二〇一七年三月、15ページ）。

（2）自己制御の障害とは、他者の視点が持てないため社会的に有効な手段がとれず、モチベーションをうまく維持できないことを指します（同前、15ページ）。

参考文献

近藤卓『乳幼児期から育む自尊感情　生きる力、乗りこえる力』エイデル研究所、二〇一五年

荻上チキ・浜井浩一『新・犯罪論　「犯罪減少社会」でこれからすべきこと』現代人文社、二〇一五年

宮口幸治『ケーキの切れない非行少年たち』新潮新書、二〇一九年
片山徒有他編『18・19歳非行少年は、厳罰化で立ち直れるか』現代人文社、二〇二一年
廣瀬健二『少年法入門』岩波新書、二〇二一年
髙橋一雄『語りかける中学数学』ベレ出版、二〇二一年
瀬山士郎『数学　想像力の科学』岩波科学ライブラリー、二〇一四年

あとがき

村尾博司

『自信を持って間違える。間違うからこそ、必ず先に進めるんです』。髙橋一雄さんの言葉です。今の時代、失敗を許さない息苦しい雰囲気が強まっています。テレビドラマ「ドクターX～外科医・大門未知子～」の主人公が「私、失敗しないので」と言うセリフに、思わず拍手している自分がいます。彼女の周りには失敗を恐れてうろたえ、前に進めない人たちがいます。自分を見るようで、彼女の失敗を恐れない「行動力」に憧れます。

私は、三十六年間、少年院の教官を生業としてきました。年月が過ぎ、院長という立場で講演をする機会がありました。「愛情不足から非行に走る子たちなのですね」との哀れみの声がよく聞かれました。その言葉の裏には「うちはよかった。非行に走らないで」という安堵《あんど》の気持ちが見え隠れしており、どこか他人事《ひとごと》なのです。純粋だからこそ傷つきやすい少年たち。でも、もがいていて前に進む術を持っていない。

そうした折、数学を語り始めたら火傷《やけど》しそうなくらい熱い思いの髙橋先生が、少年院の扉をたたいてくれました。ついで、いつも飄々《ひょうひょう》とニコニコされて数学の楽しさを語る瀬山先生にも出会ってしまったのです。おふたりとタッグを組ませて頂き十年。「分からない」と諦めていた少年たちが生き生きと学ぶ姿に出会い、不思議な力を感じました。そこには、自信を持って間違え、前に進もうとするたくましい存在がありました。

取り返しのつかない少年事件が起こるたび、非行少年を十把《じっぱ》一絡《ひとから》げに扱って厳罰で懲らしめるべきだとの意見が上がります。被害者からすれば当然の感情です。しかし、声高に意見する人たちの言動からは、自分は失敗しない人間なんだと過信し、相手をたたいて溜飲《りゅういん》を下げている気配を感じます。今年の四月から少年法改正によって十八、十九歳の「特定少年」に対する少年院での更生の機会が狭められ、起訴されれば実名報道にも道が開かれます。それは更生とは程遠いものだと考えます。本書を通じて、少年院の数学教室で学び直している少年たちの真剣な姿を知って頂くとともに、本書が、悲惨な少年事件を繰り返させないよう、道に迷った若者の育て直しに力を貸してくださる大人がひとりでも増えるきっかけになれば幸いです。

最後に、長引くコロナ禍、何度もオンラインやメールのやり取りで、私たち三人のかじ取りをしてくださった編集者の渡辺千弘氏、イラストの担当をご快諾いただいた田中恭子氏には深く感謝致します。お陰をもちまして、三人の共同作業に区切りがつき無事卒業ができます。

二〇二二年三月

高橋一雄（たかはし　かずお）

一九六一年生まれ。数学指導者。一九九四年、東京学芸大学教育学部自然環境科学専攻、生命科学専修卒業。二〇二〇年、立教大学大学院21世紀社会デザイン研究科修士課程修了。『もう一度高校数学』（日本実業出版社）、『大人のためのやりなおし中学数学　一日一題、書き込み式』（光文社新書）など、学び直しの著書多数。

瀬山士郎（せやま　しろう）

一九四六年生まれ。数学専攻。専門はトポロジー・数学教育学。一九七〇年、東京教育大学大学院理学研究科修士課程修了、二〇一一年、群馬大学教育学部定年退職。著書『トポロジー：柔らかい幾何学』（日本評論社）、『数学　想像力の科学』（岩波科学ライブラリー）、『ぐにゃぐにゃ世界の冒険』（福音館書店）など多数。

村尾博司（むらお　ひろし）

一九五九年生まれ。北海道大学教育学部教育行政学専攻、一九八二年卒業。一九八三年、多摩少年院法務教官を拝命、赤城、沖縄、盛岡少年院院長歴任後、二〇一九年定年退職。現在更生保護施設職員として勤務。『犯罪心理臨床』（金剛出版）他、共同執筆で被害者の視点を取り入れた非行少年への処遇論を展開。

高橋一雄（たかはし　かずお）

数学指導者。塾や予備校で数学を教えてきた。二〇一〇年頃から各地の少年院で、非行少年の授業に携わる。著書に『もう一度高校数学』『大人のためのやりなおし中学数学』など。

瀬山士郎（せやま　しろう）

数学者・数学教育者。群馬大学名誉教授。少年院での数学指導に取り組む。著書に『トポロジー：柔らかい幾何学』『数学　想像力の科学』など。

村尾博司（むらお　ひろし）

元赤城、沖縄、盛岡少年院院長等。現在は更生保護施設職員を務める。

僕《ぼく》に方程式《ほうていしき》を教《おし》えてください　少年院《しょうねんいん》の数学教室《すうがくきょうしつ》

二〇二二年三月二二日　第一刷発行　　集英社新書一一〇八E

著者……高橋《たかはし》一雄《かずお》／瀬山《せやま》士郎《しろう》／村尾《むらお》博司《ひろし》

発行者……樋口尚也

発行所……株式会社集英社

東京都千代田区一ツ橋二-五-一〇　郵便番号一〇一-八〇五〇

電話　〇三-三二三〇-六三九一（編集部）

〇三-三二三〇-六〇八〇（読者係）

〇三-三二三〇-六三九三（販売部）書店専用

装幀……原　研哉

印刷所……凸版印刷株式会社

製本所……加藤製本株式会社

定価はカバーに表示してあります。

ISBN 978-4-08-721208-2 C0237　Printed in Japan

a pilot of wisdom

a pilot of wisdom

ノンフィクション——N

- 妻と最期の十日間　桃井和馬
- 鯨人　石川　梵
- ゴーストタウン　チェルノブイリを走る　エレナ・ウラジーミロヴナ・フィラトワ　池田　紫・訳
- 笑う、避難所　石巻・明友館136人の記録　頓所直人　写真・名越啓介
- チャングム、イ・サンの監督が語る　韓流時代劇の魅力　イ・ビョンフン
- 女ノマド、一人砂漠に生きる　常見藤代
- 幻の楽器　ヴィオラ・アルタ物語　平野真敏
- 風景は記憶の順にできていく　椎名　誠
- 実録　ドイツで決闘した日本人　菅野瑞治也
- ゴッホのひまわり　全点謎解きの旅　朽木ゆり子
- 「辺境」の誇り——アメリカ先住民と日本人　鎌田　遵
- 奇食珍食　糞便録　椎名　誠
- ひらめき教室「弱者」のための仕事論　松井優征　佐藤オオキ
- 橋を架ける者たち——在日サッカー選手の群像　木村元彦
- ナチスと隕石仏像　SSチベット探検隊とアーリア神話　浜本隆志
- 堕ちた英雄「独裁者」ムガベの37年　石原　孝
- 癒されぬアメリカ　先住民社会を生きる　鎌田　遵
- 羽生結弦を生んだ男　都築章一郎の道程　宇都宮直子
- 花ちゃんのサラダ　昭和の思い出日記　南條竹則
- ある北朝鮮テロリストの生と死　証言・ラングーン事件　羅　鍾一　永野慎一郎・訳
- 原子の力を解放せよ　戦争に翻弄された核物理学者たち　浜野高宏　新田義貴　海南友子
- ルポ　森のようちえん　SDGs時代の子育てスタイル　おおたとしまさ
- シングルマザー、その後　黒川祥子
- 9つの人生　現代インドの聖なるものを求めて　ウィリアム・ダルリンプル　パロミタ友美・訳

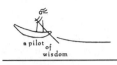

集英社新書　好評既刊

科学——G

臨機応答・変問自在　森 博嗣
生き物をめぐる4つの「なぜ」　長谷川眞理子
物理学と神　池内 了
ゲノムが語る生命　中村桂子
いのちを守るドングリの森　宮脇 昭
安全と安心の科学　村上陽一郎
松井教授の東大駒場講義録　松井孝典
時間はどこで生まれるのか　橋元淳一郎
スーパーコンピューターを20万円で創る　伊藤智義
非線形科学　蔵本由紀
欲望する脳　茂木健一郎
大人の時間はなぜ短いのか　一川 誠
化粧する脳　茂木健一郎
電線一本で世界を救う　山下 博
量子論で宇宙がわかる　マーカス・チャウン
挑戦する脳　茂木健一郎
錯覚学—知覚の謎を解く　一川 誠
宇宙は無数にあるのか　佐藤勝彦
ニュートリノでわかる宇宙・素粒子の謎　鈴木厚人
宇宙論と神　池内 了
非線形科学 同期する世界　蔵本由紀
宇宙を創る実験　村山斉・編
地震は必ず予測できる！　村井俊治
宇宙背景放射「ビッグバン以前」の痕跡を探る　羽澄昌史
チョコレートはなぜ美味しいのか　上野 聡
AIが人間を殺す日　小林雅一
したがるオスと嫌がるメスの生物学　宮竹貴久
地震予測は進化する！　村井俊治
プログラミング思考のレッスン　野村亮太
ゲノム革命がはじまる　小林雅一
ネオウイルス学　河岡義裕
リニア新幹線と南海トラフ巨大地震　石橋克彦
宇宙はなぜ物質でできているのか　小林誠・編著

a pilot of wisdom

医療・健康——I

先端技術が応える！ 中高年の目の悩み　横井則彦
災害と子どものこころ　清水將之／柳田邦男／井出浩／田中究
老化は治せる　後藤眞
名医が伝える漢方の知恵　丁宗鐵
ブルーライト 体内時計への脅威　坪田一男
子どもの夜ふかし 脳への脅威　三池輝久
腸が寿命を決める　澤田幸男／神矢丈児
日本は世界一の「医療被曝」大国　近藤誠
「間」の悪さは治せる！　小林弘幸
すべての疲労は脳が原因　梶本修身
西洋医学が解明した「痛み」が治せる漢方　井齋偉矢
糖尿病は自分で治す！　福田正博
アルツハイマー病は治せる、予防できる　西道隆臣
すべての疲労は脳が原因2〈超実践編〉　梶本修身
認知症の家族を支える ケアと薬の「最適化」が症状を改善する　髙瀬義昌
産業医が見る過労自殺企業の内側　大室正志

すべての疲労は脳が原因3〈仕事編〉　梶本修身
人間の値打ち　鎌田實
スマホが学力を破壊する　川島隆太
体力の正体は筋肉　樋口満
ガンより怖い薬剤耐性菌　三瀬勝利／山内一也
本当はこわい排尿障害　高橋知宏
心療眼科医が教える その目の不調は脳が原因　若倉雅登
定年不調　石蔵文信
悪の脳科学　中野信子
女は筋肉 男は脂肪　樋口満
出生前診断の現場から　室月淳
すべての不調は口から始まる　江上一郎
赤ちゃんと体内時計 胎児期から始まる生活習慣病　三池輝久
免疫入門 最強の基礎知識　遠山祐司
コロナとWHO 感染症対策の「司令塔」は機能したか　笹沢教一
胃は歳をとらない　三輪洋人
他者と生きる リスク・病い・死をめぐる人類学　磯野真穂

会社ではネガティブな人を活かしなさい
友原章典 1096-A
幸福研究を専門とする著者が、最新の研究から個人の性格に合わせた組織作りや働きかたを提示する。

胃は歳をとらない
三輪洋人 1097-I
胃の不調や疲労は、加齢ではない別の原因がある。消化器内科の名医が適切な治療とセルフケアを示す。

他者と生きる リスク・病い・死をめぐる人類学
磯野真穂 1098-I
リスク管理と健康維持のハウツーは救済になるか。人類学の知見を用い、他者と生きる人間の在り方を問う。

韓国カルチャー 隣人の素顔と現在
伊東順子 1099-B
社会の〝いま〟を巧妙に映し出す鏡であるさまざまなカルチャーから、韓国のリアルな姿を考察する。

9つの人生 現代インドの聖なるものを求めて 〈ノンフィクション〉
ウィリアム・ダルリンプル／パロミタ友美 訳 1100-N
現代インドの辺境で伝統や信仰を受け継ぐ人々を取材。現代文明と精神文化の間に息づくかけがえのない物語。

哲学で抵抗する
高桑和巳 1101-C
あらゆる哲学は抵抗である。奴隷戦争、先住民の闘争、啓蒙主義、公民権運動などを例に挙げる異色の入門書。

奈良で学ぶ 寺院建築入門
海野 聡 1102-D
日本に七万以上ある寺院の源流になった奈良の四寺の建築を解説した、今までにない寺院鑑賞ガイド。

「それから」の大阪
スズキナオ 1103-B
「コロナ後」の大阪を歩き、人に会う。非常時を逞しく、しなやかに生きる町と人の貴重な記録。

ドンキにはなぜペンギンがいるのか
谷頭和希 1104-B
ディスカウントストア「ドン・キホーテ」から、現代日本の都市と新しい共同体の可能性を読み解く。

子どもが教育を選ぶ時代へ
野本響子 1105-E
世界の教育法が集まっているマレーシアで取材を続ける著者が、日本人に新しい教育の選択肢を提示する。